LA CULPA ES DEL EURO
Economía para españoles

ii

LA CULPA ES DEL EURO
Economía para españoles

Luke Fog

Luke Fog
2015

iv

Título Original: La Culpa es del Euro. Economía para españoles.

Primera edición: Julio del 2015

Primera impresión: 2015

ISBN 978-1-326-37188-3

Luke Fog

A los que sueñan con un Mundo mejor

Índice

Agradecimientos

Quiero agradecer especialmente a mi mujer y a mis hijos el apoyo y el cariño que me dan en el día a día. He sido afortunado. Gracias. También a mis padres y a mis hermanos por todo lo que me han dado, especialmente la educación y la formación que he recibido.

Finalmente, me gustaría dar las gracias a mis profesores, a mis compañeros y amigos por lo que me han enseñado.

A todos ellos, por el tiempo que hemos pasado juntos.

Prefacio

El propósito de este libro es contribuir modestamente al conocimiento popular de la ciencia económica. No quiero ser muy técnico al hablar sobre la crisis e intento ser lo más divulgativo posible, para que todo el mundo pueda entenderlo. A diferencia de otros libros sobre la materia que han escrito profesores de economía, yo pretendo añadir un conocimiento del mercado, especialmente del sector inmobiliario que por su naturaleza cíclica y por estar en el ojo del huracán de esta crisis aporta información relevante.

Tampoco pretendo ser dogmático. Hay ideas sobre las que he cambiado de opinión durante estos últimos años. Aquí reflejo lo que creo que es más correcto desde el punto de vista de la economía normativa y lo que sé de la economía positiva. Entendiendo por la primera, la que está sujeta al debate político y sobre la que la experiencia empírica es más discutible; y por la segunda, la que es más o menos Ciencia, porque la experiencia empírica demuestra que los resultados a las acciones emprendidas suelen ser siempre los mismos.

El contenido del libro en su primera parte tiene alguna similitud con la forma que tuvo John Kenneth Galbraith de explicar el Crack del 29 o su "Breve historia de la euforia financiera"[1]. Aunque no es tan descriptivo ni se centra tanto en los hechos como en la explicación de la teoría económica vinculada a esos hechos.

Mis estudios sobre gestión de empresas y Economía en la Escuela de negocios Chicago Booth de la Universidad de Chicago, así como la crisis económica y mi contacto directo con el sector inmobiliario, han transformado lo que considero más correcto desde el punto de vista de la política económica y así lo reflejo en el libro.

Antes de estudiar en Chicago y de la crisis de 2008, era ferviente partidario de las políticas liberales. Creía que el *laissez faire,* la "mano invisible" de Adam Smith, era la mejor forma de crear riqueza en un país; hoy pienso que los países con mercados donde rige la libre competencia son los más prósperos, pero que el Estado debe tener un papel activo para evitar las crisis que se producen en la economía fruto de los cambios en la psicología u opinión de los consumidores, de los excesos de oferta o déficits de demanda. Las crisis son inevitables, han existido y existirán siempre. Por eso es importantes saber cómo combatirlas, qué medidas tomar, por qué y para qué.

---

[1] John Kenneth Galbraith: "Breve historia de la euforia financiera" y "el crash del 29". Versión española de Ariel, sello de la Editorial Planeta, S.A.

Actualmente hay una literatura muy buena sobre la crisis de las "subprime", aquí quiero centrarme más en el caso español. Pero recomiendo a los lectores el libro de Paul Krugman, "Acabad ya con esta crisis"[2], ya que comparto la mayoría de sus comentarios sobre política económica para salir de la crisis actual de forma justa y reduciendo sustancialmente los niveles de paro.

También para los amantes de la Economía recomiendo el libro de Shiller "espíritus animales"[3] para comprender el comportamiento de las personas y su impacto en los ciclos económicos. No sin dejar atrás la literatura sobre *"behavioural Economics"*, Richard Thaler y su "Nudge"[4], explican muy bien esta nueva corriente sobre el comportamiento de las personas, del *homo economicus*. Raghuram Rajam, ha escrito recientemente un libro muy interesante sobre la crisis llamado "Grietas del sistema"[5], que merece ser leído.

En esta crisis las políticas monetarias han sido muy relevantes, de hecho en algunos países fueron las únicas contra-cíclicas. La experiencia sobre la "gran depresión" especialmente estudiada por Milton Friedman en su "Historia monetaria de los

---

[2] Paul Krugman: "Acabad ya con esta crisis". Versión española de la Editorial Crítica, S.L.

[3] Robert J Shiller y George A. Akerlof: "Espíritus animales". Ediciones Gestión 2000, 2009

[4] Richard Thaler: "Nudge". Versión en inglés de la editorial Penguin Books.

[5] Raghuram Rajan: "Grietas del sistema: por qué la economía mundial sigue amenazada" Editorial Deusto SA Ediciones, 2011

Estados Unidos", así como las ideas que aportó, han impedido que la crisis fuera aún más grave.

También, las corrientes de eficiencia de los mercados y de que el *homo economicus* es racional o tiene expectativas racionales es un buen aprendizaje para entender qué sucede en la economía en el largo plazo. Prueba de ello es la evolución de economías como la norteamericana, la inglesa, la australiana, la canadiense, o la sudafricana... donde el libre mercado ha conseguido mayores niveles de prosperidad que en el resto del Mundo. Pero el libre mercado no equivale a que el Estado no pueda ejercer ninguna labor de moderación sobre los ciclos económicos. Como muy bien dice Krugman, las políticas Keynesianas no son políticas de planificación económica socialista o, como entendemos en España, comunista. No estamos hablando de planes quinquenales al estilo de la Unión Soviética. Son políticas y regulación para evitar crisis económicas como el crack del 29 y la "Segunda Gran Contracción" del 2008. Por eso el Libro de John Maynar Keynes llamado "Teoría general del empleo, el interés y el dinero"[6] es de obligada lectura para cualquier interesado en la política económica que debe aplicar

---

[6] John Maynard Keynes. Editorial Fondo de Cultura económica de España, S.L. 2006.

un Estado. Keynes era un genio, como Friedman. Su saber no puede ser olvidado y espero con este libro contribuir a ello.

También es importante el trabajo de grandes economistas como Robert Lucas o Eugene Fama, al que conocí en un acto de la Universidad de Chicago. Sus postulados sobre eficiencia de los mercados y racionalidad de los sujetos económicos resultan muy útiles para la economía teórica y creo que esa eficiencia tiende más o menos a darse en las economías en cierta medida en el largo plazo, como por otro lado parece que es el consenso de la mayoría de economistas, pero no creo que las subidas de tipos de interés, o bajada de precios de la deuda de los países periféricos durante la crisis fuera una cuestión de eficiencia sino más bien de pánico de "espíritus animales".

Por su parte, John Huizinga, que fue mi profesor de las dos asignaturas que tuve de Economía en Chicago, me enseñó que dentro de la economía positiva los postulados de la Escuela Keynesiana se suelen cumplir en el corto plazo y los de la Escuela Clásica en el largo plazo. La experiencia me ha hecho ver que seguramente tiene razón. Muchas de las ideas reflejadas en este libro parten de sus clases.

Lo cierto es que para España, que no puede endeudarse en su propia moneda, el recurso a las políticas neokeynesianas que se enseñaron en las universidades españolas con el libro de Paul

Samuelson, es muy limitado. Por eso los planes de expansión fiscal, como el Plan E, terminaron enfrentando al país con sus acreedores. No olvidemos que Alemania en esta crisis ha sido juez y parte. Ha representado a los acreedores, los ahorradores alemanes, y no a los ciudadanos en situación de desempleo de los países mal considerados periféricos.

Pido al lector que "escuche" este libro, sin prejuicios, que lo lea "escuchando" los argumentos. Sin ira. Sin una opinión preestablecida de lo que en él se dice. Que considere la materia y las ideas de forma respetuosa, porque para prosperar es necesario el debate respetuoso, algo que en España lamentablemente se está perdiendo. Las posturas están enconadas y falta una mentalidad más abierta para mejorar. Igualmente, pido al lector que busque la racionalidad, escuche mis argumentos y piense sobre el tema. Que sea como dicen los anglosajones "abierto de mente" (*open minded*).

Introducción

La crisis económica no tiene su origen en una crisis financiera cuyo máximo exponente son las hipotecas subprime americanas. La crisis se produce fundamentalmente porque la Economía Mundial ha tenido unos años de crecimiento muy elevados durante la segunda parte de la década de los noventa y también desde el año 2003 en la década posterior. Seguramente porque la productividad del trabajo ha sido lo suficientemente alta como para poder crecer sin generar demasiada inflación. Al final, aunque no se genere demasiada inflación en la cesta de la compra, cuando hay un ciclo muy largo, se produce inflación en aquellos sectores donde la producción es más rígida y no se puede adaptar tan rápidamente al crecimiento. Como sucede con el sector inmobiliario. El ritmo al que se reclasifica el suelo y al que se construyen las viviendas es muy inferior al que puede demandar una economía en fuerte expansión.

El crecimiento económico ha generado unos desequilibrios importantes, donde la falta de oferta en la primera fase del ciclo en algunos sectores, como el sector inmobiliario, ha hecho que los precios subieran considerablemente y así se ha generado una burbuja que posteriormente ha explotado.

El fenómeno de los ciclos económicos es bien conocido. En una primera fase, la demanda no es muy elevada y la oferta tampoco; en una segunda fase, la demanda crece y la oferta no es suficiente como para satisfacerla y así se produce un repunte en los precios, comienzan a aumentar los beneficios empresariales y se empieza a generar empleo para incrementar la oferta. En una tercera fase, gracias a los beneficios que se obtienen con el alza de los precios, la oferta crece y la demanda aumenta más fruto de que se han generado nuevos puestos de trabajo, los precios suben, y cuando la demanda empieza a estabilizarse y la oferta sigue creciendo, los precios dejan de subir. Finalmente, la demanda decrece, la oferta sigue creciendo y ese exceso de oferta hace que los precios caigan, las empresas empiezan a perder dinero y tienen que reducir su exceso de capacidad despidiendo empleados. Esto a su vez hace que la demanda se contraiga aún más y se produzca una recesión.

Aquí es donde España estuvo entre los años 2008 y 2013, después del exceso de producción o sobreoferta, llega la crisis. Cuanto más ha sido el exceso, mayor es la crisis. Y el fenómeno se vuelve a producir en sentido contrario para salir de la crisis. La oferta se contrae, la demanda llega un momento en que se estabiliza, se liquida el stock de oferta existente y volvemos otra vez a necesitar producir más para satisfacer la demanda. Se contrata otra vez gente nueva que genera más demanda y así volvemos al inicio de otro ciclo económico. Recuerdo en el colegio estudiar el concepto de "sobreproducción o *overproduction*" en relación al crack del 29. Básicamente es lo que sucede en las grandes crisis y especialmente si además afecta al sector financiero.

Este fenómeno ha sucedido numerosas veces y la magnitud de la corrección en tiempos de crisis depende del exceso de oferta que se ha generado que suele ser mayor cuanto más largo ha sido el ciclo económico y más dinero han ganado las empresas; que a sus vez han reinvertido en producir más y contratar más gente, o cuando el contagio a la economía financiera es tal que afecta al crédito y reduce especialmente la demanda y la oferta. Es un círculo vicioso que se produce primero con crecimiento y posteriormente con decrecimiento.

Las causas del final de la época de expansión pueden ser variadas. Habitualmente se busca una causa en concreto para justificar todo el pinchazo del ciclo, o de la burbuja, como suele llamarse cuando el crecimiento ha sido tan elevado que los precios se han descontrolado al alza. En esta crisis se atribuyó la causa a las hipotecas *subprime* y a la caída de Lehman Brothers; pero lo cierto es que la burbuja empezó a pincharse cuando en la primavera del 2006 el precio de la vivienda empezó a caer en EEUU, seguramente por el nivel de sobreoferta y porque los precios habían subido tanto que parte de la demanda prefería esperar. En España sucedió lo mismo más o menos por la misma estación del año 2007. Un año después. Se empezaba a producir más de lo que se vendía. El fin del ciclo estaba cerca.

Esta vez, la crisis ha tenido un impacto muy importante en el sector inmobiliario porque fue uno de los sectores donde se produjo un mayor sobrecalentamiento, una mayor inflación de precios.

Sorprendentemente parece que ni la Reserva Federal de Estados Unidos ni el Banco Central Europeo tuvieron en cuenta el alza del precio de la vivienda al fijar sus políticas monetarias. Esto es algo curioso porque la mayor parte de las garantías bancarias son hipotecarias. Un excesivo crecimiento del precio de la vivienda hace que sean más factibles las correcciones y, por tanto, haya un mayor riesgo para el sistema financiero de un país.

Lamentablemente este fenómeno ya lo hemos vivido en crisis anteriores y sería deseable que los bancos centrales tuvieran muy en cuenta cuál es la evolución de los precios de la vivienda antes de fijar sus políticas monetarias.

Tradicionalmente los bancos centrales se han fijado en el Índice de Precios al Consumo (IPC) o en la inflación subyacente que excluye algunas partidas más volátiles como el coste de la energía. Pero la inflación que se estaba produciendo en los activos inmobiliarios influía doblemente sobre la riqueza de las familias y sobre la estabilidad del sistema financiero. Es un error fijar la política monetaria sin tener en cuenta que la vivienda tiene crecimientos de dos dígitos, porque eso tarde o temprano tendrá un efecto sobre las economías domésticas y sobre el sector financiero.

¿Por qué las viviendas son el principal colateral o garantía de los bancos? Las casas tienen muchas ventajas como garantías. Además del valor del terreno donde se encuentran y de su durabilidad, tienen la ventaja de que no suelen bajar mucho de precio.

¿Por qué no suelen bajar mucho de precio? Fundamentalmente porque son producidas en un sector en el que cuando hay una crisis se reduce drásticamente la producción ya sea porque no es necesario seguir produciendo o por falta de financiación bancaria.

En un sector industrial normal, se hace un gasto fijo construyendo una fábrica al llegar la crisis la fábrica sigue ahí y hay que producir para amortizarla. A veces en el sector industrial se produce vendiendo en pérdidas sólo para cubrir los costes variables (mano de obra, luz...) y parte de los fijos (amortización de la planta). Si es necesario bajar el precio para seguir amortizando parte de los costes fijos se baja; la cuestión es vender para poder cubrir la amortización y no tener que cerrar. Este tipo de empresas, como es el caso de las que fabrican automóviles, saben que pierden dinero durante la época de vacas flacas pero que luego lo ganarán durante las épocas de vacas gordas. Les interesa porque aunque pierden dinero luego posiblemente ganarán más compensando lo perdido.

Además como parte de los gastos de amortización de las plantas industriales no son salidas reales de dinero, a veces se opera con flujos de caja positivos pese a tener pérdidas en la cuenta de pérdidas y ganancias. Otras veces no es así puesto que se está pagando la financiación que fue necesaria para comprar la fábrica o el terreno donde está. En este caso, también es necesario seguir en funcionamiento para cubrir estos gastos fijos.

En el sector inmobiliario no hay fábrica. Hay un terreno pagado con financiación propia o con parte de financiación ajena. En el primer caso la producción se reduce sustancialmente en la crisis, algunas empresas que se autofinancian, una minoría, o bien no producen o bien reducen su producción sustancialmente para no perder liquidez. En el segundo caso, el banco no quiere financiar el proyecto salvo que la empresa sea muy solvente y esté el terreno en un lugar donde no haya sobreoferta. A veces, cuando la empresa que tenía el terreno ha suspendido pagos o ha quebrado, el banco se queda con el terreno y al cabo de los años decide promoverlo o venderlo para que alguien lo promueva. En esta crisis ha sido muy habitual que los bancos busquen promotores o constructores para desarrollar terrenos que se han quedado ellos, en buenas ubicaciones, compartiendo el riesgo. El banco pone el terreno y el promotor se lo compra cuando ya tiene comercializada una parte importante de la promoción. Además, el banco suele ayudar en la comercialización. En ese momento, el banco comienza a financiar para que se termine el proyecto y se puedan vender las viviendas. Los compradores se subrogan al final en la hipoteca del promotor que se divide para cada cliente o bien los clientes cancelan la hipoteca pagándola.

Pero esto es una excepción, la producción inmobiliaria residencial durante las crisis cae considerablemente. Hasta más de un 90% ha caído la solicitud de nuevos permisos de construcción en España respecto a los máximos. Poco a poco se va liquidando el stock. El precio de la vivienda se estabiliza en función de la magnitud de la crisis. En nuestro caso muy elevada porque no se han podido tomar las políticas fiscales adecuadas y además no se ha podido devaluar la moneda al estar en el Euro.

De las cifras del libro "Esta vez es distinto: ocho siglos de necedad financiera" de Kenneth S. Rogoff y Carmen M. Reinhart[7], podemos hablar de una media de 5 años de caídas de precios en las crisis inmobiliarias (si excluimos la crisis japonesa). En esta crisis, la caída en EEUU ha tenido más o menos esta duración. En España ha sido de unos 7 años, y ello fundamentalmente por la entrada en el Euro. A la crisis habitual, le hemos añadido una crisis de solvencia exterior y de liquidez, que exigía una devaluación interna y que, en este caso, al no poder ser mediante una devaluación monetaria ha tenido que ser lentamente mediante una devaluación de los salarios reales y del valor de los activos frente al exterior, entre ellos los inmobiliarios.

Además, los activos inmobiliarios suelen tener una larga durabilidad y su valor no se deprecia en el tiempo como otros activos, por ejemplo un coche. Las viviendas en el largo plazo suelen valer más (siempre que haya inflación). Es lo que se conoce

---

[7] Kenneth S. Rogoff y Carmen M. Reinhart, "Esta vez es distinto: ocho siglos de necedad financiera". Fondo de Cultura Económica de España, S.L, 2011

en Microeconomía como una industria de costes crecientes donde el valor de la tierra en el largo plazo tiende siempre a valer más.

¿Por qué los precios han bajado más de un 30% en esta crisis? Fundamentalmente porque el exceso de producción ha sido tan alto debido a los fuertes incrementos de precios que es normal que se produzca una corrección. Y además, la devaluación de los salarios reales no se ha hecho creando inflación a través de la devaluación del tipo de cambio; porque al estar en el Euro, España no controla su política monetaria. Algo que sí se pudo hacer en la crisis de 1992.

Antes de la crisis, la economía crecía con fuerza sin generar inflación y los bancos centrales tenían unos tipos de referencia muy bajos, lo que permitía un crédito hipotecario excesivamente barato para la situación de la economía real.

Aún así los precios de la vivienda todavía no han bajado por debajo de niveles del año 2000 y es probable que no lo hagan. Actualmente, mediados del año 2015, los precios están en niveles cercanos a los de principios del 2002. Todavía muy por encima de los de la década de los 90. En términos reales incluso por debajo de los de la década de los noventa. Es un fenómeno frecuente, cuando llegan las crisis el mercado de la vivienda se ajusta, los precios vuelven en términos reales a más o menos los de la década anterior y el esfuerzo financiero para comprarse una vivienda vuelve a la media anterior. Este ajuste en crisis anteriores se dio en términos relativos con otras economías gracias a la bajada de la peseta, en esta crisis, ha bajado directamente la vivienda en Euros. Por eso la bajada es más apreciable para el ciudadano español que cuando se devaluaba su moneda, pero es igualmente un ajuste del valor de los salarios y los activos. La diferencia está en el tiempo. La crisis de principios de los noventa se resolvió con una devaluación monetaria y fue mucho más corta que la actual.

La sobreproducción en tiempos de auge del ciclo económico no es sólo del sector inmobiliario, que es un sector muy pro-cíclico, sino que es una sobreproducción que se ha dado en toda la economía en general, y particularmente en aquellos sectores más dependientes de la demanda interna que ha sido tremendamente fuerte durante el boom económico. En España dicho auge duró desde la crisis de principios de los noventa hasta más o menos el año 2008. Aquí la crisis del 2000-2001 se notó muy poco. Un boom que no fue fruto de casualidades y que tenía detrás además de los componentes de exceso de liquidez otros de carácter más fundamental. Durante estos años se dio la incorporación a la Población Activa de los nacidos en el *babyboom*, el impacto de la mejora en la formación de los trabajadores, la generalización de la educación y de la incorporación de la mujer al mercado laboral. Por citar algunos.

Del 2003 al 2008, se incrementaron los factores productivos, la productividad de los mismos y con ello se incrementó la producción que se fue vendiendo; y esto afectó a la demanda, generó a su vez más empleo y, por tanto, aún más crecimiento de la demanda interna. Si a esto añadimos que también se pudo conseguir fácil financiación del extranjero gracias a la incorporación a la Unión Monetaria, se dieron todos los elementos para que la economía creciera, especialmente la inversión residencial.

En España, y en el resto de países mal llamados periféricos o del Sur de Europa, con la incorporación al Euro el coste de financiación bajó. El riesgo de invertir en un país periférico de la zona euro bajó para los ahorradores europeos que podían invertir en comprar bonos en cualquier país de la zona euro en su propia moneda y con el Banco Central Europeo como garante de la estabilidad de precios.

El problema surgió cuando el BCE, fijándose sólo en la inflación subyacente y preocupado por la debilidad del crecimiento de Alemania que estaba haciendo reformas que afectaban a su economía, tuvo una política monetaria muy laxa que hizo que los tipos de interés reales a corto plazo en España y en otros países periféricos llegaran a ser negativos. Esto alimentó el apalancamiento de las familias y empresas e hizo que la burbuja fuera aún mayor. El BCE no actuó bien, como tampoco lo hizo la Reserva Federal. Las bajas tasas de inflación parecían exigir esta política monetaria, pero las subidas de los precios de la vivienda y de las materias primas indicaron que la economía mundial se estaba sobrecalentando.

Durante la crisis el BCE lo hizo peor que los otros bancos centrales porque subió los tipos de referencia dos veces en momentos que no debía hacerlo. Subió tipos demasiado pronto cometiendo el mismo error de Greenspan en 1994. La gestión de Trichet fue muy mala.

Afortunadamente fue sustituido por Mario Draghi, que ha demostrado una mayor habilidad para solucionar los problemas, no sin dificultades, aunque como el análisis a posteriori demuestra, tarde y sin la suficiente intensidad. Seguramente porque las políticas fiscales son contractivas, algo sorprendente en un momento en el que la demanda interna privada de los países se contrae.

El Gobierno español de José Luis Rodríguez Zapatero, también pudo hacer más, tendría que haber aplicado una política fiscal restrictiva antes de la crisis para frenar la burbuja y así evitar que la crisis posterior hubiera sido tan grave como al final fue. Si el problema estaba siendo el endeudamiento privado, seguramente lo más adecuado hubiera sido una subida de impuestos. Por ejemplo, podrían haber subido el IVA de la compraventa de viviendas o haber quitado la deducción por compra de vivienda. Medidas impopulares que habría agradecido el propio gobierno en la siguientes elecciones. Lamentablemente estas medidas se tomaron posteriormente durante la crisis inmobiliaria forzados por "Bruselas", y en ese momento agravaron aún más la caída de la vivienda.

Quizás el PSOE habría ganado con menos contundencia las elecciones de 2008, pero seguramente no habría perdido con la misma contundencia las de 2011. Al final, la intervención pública se justifica para atemperar el ciclo económico y para que haya una mayor equidad entre todos los ciudadanos. Hubiera sido un gran momento para acordarse de Keynes, que suele ser recordado sólo cuando ya se está dentro de la crisis y no antes.

Se puede argumentar que el país tuvo superávit fiscal en los años anteriores a la crisis, pero es evidente que no fue suficiente. Se podría haber hecho mucho más por evitar lo que sucedió y la lectura es que se debe aprender de ello. Cuando la economía vuelva a niveles de empleo parecidos a los de 2007, que son seguramente los de pleno empleo en España, deben tomarse las medidas para generar el superávit fiscal que en el futuro permita hacer una expansión del gasto público en el momento de la crisis. ¿Cómo hacer esta expansión? Pues muy fácilmente, aumentando el gasto público en las partidas que generen más valor para la economía en el futuro. Inversión pública en educación, investigación e infraestructuras necesarias y rentables.

Es fundamental aquí reprochar al Gobierno de entonces no ya la predicción o no de una posible crisis sino la inoperancia antes de la burbuja. Medidas contra-cíclicas que a corto y medio plazo en cierto sentido habrían frenado el exceso de demanda que estaba siendo alimentado por una financiación demasiado barata para el riesgo real en el que se estaba incurriendo.

Por eso, para el futuro sería deseable que los gobiernos tengan en cuenta qué está sucediendo en el sector inmobiliario a la hora de evaluar en qué punto del ciclo económico estamos, y qué impacto puede tener el mismo en el futuro de la economía del país y de sus finanzas públicas. Cierto es que esta crítica se puede realizar a la mayoría de los gobiernos de los países que sufrieron la crisis y que es fácil hacerla a posteriori. En cualquier caso, debemos recordar esto para el siguiente ciclo, y espero que este libro contribuya a ello. La historia siempre se repite aunque sea con otros matices.

También hay lugar aquí, en el caso español, para criticar la gestión pública de las Cajas. Una gestión que no tuvo en cuenta que la economía es cíclica y que financiar suelo es algo muy peligroso. Las entidades financieras, para captar el cliente final que compraba una vivienda y venderle la hipoteca, el seguro…, comenzaron a financiar promociones inmobiliarias que les proporcionaban fácilmente clientes. Posteriormente, según aumentó la competencia, empezaron a financiar suelo para así captar al promotor inmobiliario o al gestor de cooperativas que construiría la promoción y le daría los clientes. Estas financiaciones de suelo, que llegaron al 80% del valor del terreno, son financiaciones de alto riesgo porque el suelo es un activo muy ilíquido y puede tener una alta volatilidad en su precio, como posteriormente se demostró al estallar la burbuja.

Las Cajas públicas se comportaron peor que los bancos privados, fundamentalmente porque sus incentivos eran distintos. Mientras que en el banco existía cierto control de los accionistas mayoritarios, en las Cajas no había los suficientes controles sobre sus órganos de administración, que tendían más a defender su propio interés -como se ve en los distintos casos de corrupción que han aflorado a posteriori- que el del contribuyente.

Tanto el banco BBVA como el Banco Santander, así como el Banco Sabadell, Bankinter o el Banco Popular, han demostrado que la gestión privada en España ha sido mucho mejor que la pública en esta crisis. Posiblemente esto se debe a que sus gestories tenían experiencia de crisis anteriores y porque vieron cómo el mercado empezaba a tener problemas en EEUU antes que en España, lo que les permitió anticiparse. Tampoco hay que olvidar que durante esta crisis muchas entidades privadas internacionales han tenido que ser rescatadas por sus Estados o han sufrido problemas graves: se calcula que desde el año 2008 hasta el 2011 sólo en EEUU han recibido fondos o han sido "rescatados" más de 400 bancos.

Sin embargo, como hablaremos más adelante, la consolidación del sistema financiero español puede traer serios problemas para las próximas crisis. El "*too big to fail*" es un fenómeno discutido en el mundo anglosajón pero que no se ha debatido suficientemente en España para nuestro sistema financiero. La concentración del sistema financiero español no es positiva para el largo plazo y entraña riesgos importantes para el próximo ciclo. Un problema similar al que tendrán países como el Reino Unido o Francia.

Capítulo I: el crack inmobiliario

Como ya he mencionado antes, la principal causa de la intensidad de la crisis económica española, y de la de los países mal llamados "periféricos", es la entrada en el Euro. La entrada de los países del Sur de Europa en la Unión Monetaria hizo que las primas de riesgo exigidas para financiar a las familias y a las empresas, con respecto a las del Norte, se redujeran drásticamente. La nueva realidad de que detrás de estos países iba a haber la solvencia de un Banco Central como el BCE y de una moneda como el Euro hizo que la percepción del riesgo fuera menor, y con ello el coste de financiación bajó considerablemente. En ese momento, un inversor del Norte de Europa podía invertir en bonos del Sur cobrando más intereses y en su propia moneda, con el aliciente de que según se fueran reduciendo los *spreads,* con la convergencia de tipos de interés, ganaría aún más.

Podemos decir que pasó lo mismo en la crisis *subprime* de Estados Unidos: aquellas familias con menor capacidad de pago de los créditos recibieron mayor cantidad de crédito y en mejores condiciones de las que deberían haber recibido si no hubiera habido tanta liquidez y, sobre todo, tanta propensión al riesgo derivada de un ciclo económico expansivo muy largo. En EEUU existe la tendencia a atribuir esta culpa al Congreso, se les acusa de flexibilizar mucho las condiciones de concesión de crédito a las clases menos favorecidas. Yo creo, como Krugman, que esto es un error. La realidad es que la duración del ciclo económico y la política monetaria demasiado laxa estimularon el crédito. El gobierno americano debería haber introducido políticas contra-cíclicas para frenar un poco la expansión y limitar los riesgos de la misma; por su parte, la Reserva Federal (Fed) debía haber subido los tipos de interés antes para frenar la escalada del precio de la vivienda.

En el viejo continente, la capacidad de pago en los países del Sur estaba limitada por sus balanzas comerciales y entraba más crédito del que podrían pagar en el futuro. El mejor ejemplo es Grecia, un país relativamente pequeño con una balanza comercial muy deficitaria. La dependencia exterior de estas economías fue un factor que agravó la crisis de la deuda pública. Los países con mayor déficit exterior y que compartían una moneda común la han sufrido en mayor cuantía.

En los años anteriores al boom inmobiliario, mientras Alemania se reunificaba e intentaba salir de su estancamiento de principios de siglo, el BCE reducía los tipos de interés para facilitar el ajuste que estaban llevando a cabo los alemanes con bajas tasas de inflación; en ese momento los ciudadanos de España podían financiarse a tipos reales negativos. Lógicamente esto fue un incentivo para que los particulares invirtieran solicitando préstamos y así lo hicieron. Pronto el precio de la vivienda se disparaba con las compras apalancadas por préstamos hipotecarios y nadie le ponía freno. Ni Greenspan ni Trichet parecían muy interesados en frenar la escalada de precios inmobiliarios. El coste de la vida que refleja el IPC en la vivienda, se medía en términos de gasto mensual del alquiler pero no en términos de cuota hipotecaria. No se prestaba suficiente atención al efecto que tenía sobre la riqueza de las familias y su solvencia financiera la subida de los precios de los pisos, así como los efectos que tendría una brusca bajada de los mismos.

Ya en 2005 había economistas que alertaban de la escalada del precio de la vivienda, las materias primas y de los riesgos que para el medio y largo plazo esto tenía. El precio de la vivienda subió y subió, era un incentivo comprar pronto porque si no podías quedarte fuera del mercado. Pero como todas las burbujas llega un día que explotan. La causa se atribuye a las *subprime* americanas y a la caída de Lehman Brothers pero la vivienda, como dijimos antes, ya había empezado a caer en EEUU desde la primavera de 2006, y en España desde la primavera de 2007. En cuanto los bancos centrales subieron tipos durante el año 2008 para frenar la subida de la inflación, agravaron la bajada del precio de la vivienda. Pronto la tendencia se invirtió. La burbuja había explotado. Los precios de los pisos comenzaron a caer, la morosidad empezó a aumentar, las promociones ya no se vendían como antes. Las empresas constructoras y promotoras de viviendas empezaron a despedir a los empleados, la demanda de los consumidores cayó, las empresas que producían los bienes que consumían empezaron a despedir a sus empleados que a su vez consumían menos, comenzaba la caída del ciclo económico. El círculo vicioso de caída de demanda que se retroalimenta.

Las ventas de viviendas en contrato de compraventa o preventas comenzaron a ralentizarse en 2007 pero el gran parón llegó en 2008 cuando los tipos de interés de referencia del BCE subieron y el Euribor a un año aumentó por encima del 5,5%. Esta subida fue un ejemplo de lo que no se debe hacer en política monetaria. El BCE no se había fijado en la caída de los precios de la vivienda en Estados Unidos en 2006 que también estaba empezando a darse en Europa. Nadie se fijó en el índice Case-Shiller o en los índices equivalentes de las economías europeas, la obsesión era una inflación, incluido el precio de las materias primas, que a estas alturas ya estaba fuera de control por un recalentamiento económico que se debió frenar mucho antes.

Para una hipoteca concedida en 2003 el comprador tenía que pagar en 2008, después de la subida del BCE y de su impacto en el Euribor a un año, el doble de cuota mensual de lo que pagaba cinco años antes. El mercado de la vivienda se paró en seco. Desaparecieron las ventas de la noche a la mañana.

Todavía había datos buenos de preventas anteriores que hicieron que en 2008 las escrituraciones no bajaran como bajaron las preventas. Pero en realidad el mercado se había secado. No había demanda. Se caían tantas operaciones como se hacían nuevas. Durante 2008 hubo pocas ventas de viviendas. Fue el aviso de que llegaba una gran tormenta.

Aprobado el Plan E, el estímulo fiscal pronto se notó para la primavera de 2009, y el mercado repuntó ligeramente. Empezaron a hacerse ventas y 2009 fue un año malo pero no catastrófico. Sin embargo, pronto llegaron los problemas de déficit público. El estímulo fiscal era muy positivo por el lado de la demanda pero no generaba suficiente crecimiento como para pagar su coste, y no había detrás la posibilidad de financiarlo con el propio banco central (proveyendo la liquidez necesaria para invertir en la deuda del Estado y devaluando la propia moneda, con el fin de que llegara capital exterior para financiar el gasto y, a su vez, aumentaran las exportaciones, lo que también genera capital). Y así lo sufriríamos durante el año 2010, agravado por tener una economía con balance comercial negativo que necesita financiación del exterior, como era el caso de España.

Según se iban deteriorando las finanzas públicas, fruto de una demanda privada en recesión y de un sector público que intentaba estimular fiscalmente la economía pero que no podía hacerlo, los acreedores empezaron a creer que el Estado no les podría pagar la deuda. Algo que es incierto. Es mucho más catastrófico para pagar las deudas de un Estado tener el 25% de paro que soportar un 10% de déficit durante dos o tres años. Una sobrerreacción que sucede en el corto plazo ante crisis financieras, como diría el premio nobel Shiller, usando la terminología de Keynes, somos "espíritus animales". La situación de alto endeudamiento de los particulares era una mala carta de presentación ante los acreedores que financiaban a España.

Realmente el endeudamiento privado sí parecía elevado pero no así el público. No tenía sentido reducir el déficit radicalmente porque por un lado estimulaba la demanda interna de la economía reduciendo el paro, y por otro, transformaba deuda privada en pública cuyo coste es inferior para el conjunto de los ciudadanos. En Julio de 2015 se estimaba, que desde el comienzo de la crisis, la deuda privada había retrocedido un 40% del PIB mientras que la pública había crecido un 60%. El interés de reducción del déficit era cuestión de los acreedores que en este caso estaban encabezados por Alemania y sus ciudadanos. Un mayor estímulo fiscal, como sugiere Paul Krugman en su libro sobre la crisis, habría sido útil para reducir los niveles de paro, estabilizar la economía y hacer más sostenible la deuda total, pública y privada.

Una economía de un país no funciona como una economía particular, si reduces el gasto esto tiene un impacto en tu propia demanda interna y con ello reduces también en el corto plazo el PIB. Con un estímulo de gasto público adecuado se podría haber reducido sustancialmente la crisis y también los acreedores habrían salido ganando, ya que la política monetaria no habría tenido que ser tan laxa y así los tipos de interés no habrían bajado tanto. Hemos contribuido a la pérdida de demanda con las políticas de "austeridad", de reducción del gasto público y de aumento de los impuestos y hemos generado deflación, lo que ha obligado a que toda la labor haya sido de la política monetaria. Hemos entrado en la "trampa de la liquidez" de la que habló Keynes y, volvió a describir John Hicks usando el modelo IS-LM, sin hacer nada por salir de ella.

El BCE ha tenido que hacer los QE (*Quantitative Easings*) como la Reserva Federal americana, con unos tipos por los suelos para estimular la oferta monetaria, pero podríamos haber hecho más incrementando a la vez el gasto público. La política monetaria no habría tenido que ser tan agresiva, seguramente el desempleo habría sido menor en los países del Sur, así como su capacidad ociosa, y habrían ganado los deudores y los acreedores. Pero el miedo es libre. Tenemos a los inversores en bonos comprando deuda pública a largo plazo a precios ridículos con rentabilidades inferiores a la inflación que habrá en un futuro, porque hay exceso de ahorro por exceso de miedo; y a unos Estados inoperantes que podrían haber solucionado este problema desde el principio.

Gracias a la Reserva Federal no hemos terminado con una masa monetaria insuficiente que provoca deflación, como sucedió en la crisis japonesa. El BCE ha replicado más o menos tarde, lo que aplicó la Fed. Debemos dar gracias a Milton Friedman y su "Historia monetaria de los Estados Unidos". Sin sus explicaciones de la Gran Depresión la política monetaria hoy habría sido menos agresiva y más insuficiente. Recordemos que el incremento de la masa monetaria, que es incrementada al subir la base monetaria o al reducir los requisitos de reservas, no incrementa la producción en el largo plazo. Por eso reducir el desempleo no es un objetivo del BCE, cuyo único objetivo fundamental es la estabilidad de precios (igual o cerca de un 2% de inflación anual).

Pero voy más allá. Durante el año 2009, tuve oportunidad de hablar con varios extranjeros sobre la crisis en España y del sector inmobiliario. Todos tenían una percepción más negativa de lo que realmente estaba ocurriendo. Fue en el año 2010, cuando empezaron las presiones para reducir los déficits públicos, el momento en el que comenzó la verdadera crisis. Hubo una en 2008, de la que se estaba saliendo en 2009 con los estímulos fiscales. Pero pronto las nuevas políticas de austeridad de Alemania y Ángela Merkel, agravaron los problemas de toda Europa. Las políticas equivocadas de aumento de impuestos y reducción de gastos que había aplicado Herbert Hoover en EEUU durante el crack del 29, se aplicaban ahora en Europa. Parecía que la Historia había olvidado el New Deal de Roosvelt y la influencia que había tenido John Maynard Keynes en la Ciencia Económica.

La administración Obama lo hizo mejor, pero su plan de estímulo fue claramente insuficiente

El Estado español emitía su deuda en euros sin el apoyo de un Banco Central que pudiera comprarla. Pronto surgieron los problemas de liquidez. El dinero de los inversores, incluyendo los españoles, iba hacia los países con balanzas comerciales más positivas, con menor déficit público y que además eran percibidos como más solventes. En este caso Alemania era la gran beneficiaria del miedo. El resto de economías periféricas se quedaban sin liquidez.

Para poder rescatar a los países (ya que el BCE en ese momento no compraba la deuda para proveer liquidez en el mercado secundario), Alemania y los países acreedores exigían erróneamente medidas de austeridad, como se le exigen a un particular cuando no puede pagar sus deudas. Ello obligó a que en Julio de 2010 el Gobierno español subiera el IVA para reducir el déficit público. Aquí empezó la segunda crisis. Estas medidas, como las de Herbert Hoover, agravaron el problema.

La situación era absurda. Si comparamos la deuda pública de España ahora mismo como porcentaje del PIB con una economía particular, estamos diciendo que si dicha deuda es aproximadamente el 100% de su PIB anual; un particular que ganara 30.000 Euros líquidos al año, es decir 2.500 Euros mensuales, tendría una deuda de 30.000 Euros. Para los amantes de este tipo de comparaciones con su propia economía familiar, ¿les parece excesivo? De hecho, el profesor de Chicago Booth, John Huizinga, nos hizo ver que calculando una tributación media del 20% sobre el PIB de una economía, y con la voluntad política de pagar la deuda (algo que por ejemplo no pasó en Argentina) se podían llegar a soportar deudas teóricas de hasta el 500% del PIB. ¿Si esto es así por qué no sucede en la realidad? Porque el pánico es libre y porque siempre surgen las dudas de si un gobierno está dispuesto a exigir impuestos suficientes a sus ciudadanos para pagar esa deuda. Las cifras de Rogoff y Reinhart sobre cómo afecta al crecimiento de la economía un endeudamiento superior al 90% son más que discutibles.

La deuda externa (con datos del 2012 y 2013) de Alemania era del 142%, la de España era del 167% y la del Reino Unido era del 406%. Es decir, que la situación de España no era tan mala como la pintaban.

Desde Diciembre de 2009 hasta Mayo de 2010 el mercado inmobiliario se estabilizó algo en ventas, que no en precios (aunque hablamos aquí de estadísticas oficiales porque los datos de precios reales son mucho más volátiles que los que salen en las estadísticas), tanto por la expansión fiscal como por el anuncio de una subida de impuestos que obligaron a muchos demandantes a anticipar sus compras. Las ventas de viviendas se estabilizaron, o subieron ligeramente, incluso llegaron a ser más o menos normales si no consideramos como normales los años del Boom.

Pero tras Julio de 2010, el efecto de la contracción fiscal que suponía la subida del IVA de la vivienda en plena caída del precio (una medida pro-cíclica sorprendente), la tendencia a desinvertir y desapalancarse, así como el efecto que estaba empezando a tener en la demanda la destrucción de empleo, hicieron que las ventas cayeran radicalmente durante ese año. El final de 2010 fue malo, pero no tan malo como serían 2011, 2012 y 2013. Este último será recordado como el peor año del sector inmobiliario español en mucho tiempo.

En el 2011, el mercado inmobiliario prácticamente había desaparecido. Las compraventas de vivienda representaban aproximadamente un 10% de las realizadas en los años del Boom. Habíamos llegado a la travesía por el desierto del sector. El gobierno al final del año anunció una bajada del IVA del 4% y animó algo el mercado, aunque la noticia de que el posible futuro gobierno de Mariano Rajoy si ganaba las elecciones prolongaría dicha medida durante 2012, hizo que las ventas no aumentaran sustancialmente.

El 2012 empezó mal, porque los compradores habían anticipado las compras de viviendas, pero la catástrofe llegó cuando se aprobaron los Decretos del nuevo Ministro de Economía D. Luis de Guindos (conocidos vulgarmente como Decretos De Guindos) que pretendían obligar a los bancos a provisionar los inmuebles más radicalmente. Fue una bomba nuclear en el sector inmobiliario. En ese momento la banca empezó a liquidar inmuebles. Las ventas de las promotoras desaparecieron por completo. Muchas optaron por el alquiler con opción a compra. Una solución que algunas empresas habían comenzado a emplear en los primeros años de la crisis y que, con la fuerte bajada de los precios, no fue la mejor solución.

A falta de los mecanismos de política monetaria -no se podía devaluar la moneda ya que estabamos en el Euro- y a falta de poder incrementar la demanda interna con un mayor estímulo fiscal por falta de dinero, España optó por captar capital exterior para ponerle suelo a la crisis, en forma de *equity* de los fondos de inversión inmobiliarios internacionales (primero buitres u oportunistas, y luego, los *core* y los *value added*). Luis de Guindos, creo que viendo los males que habían convertido la crisis Japonesa en estructural y comparándolos con la situación en ese momento de España, promovió estos decretos que siendo muy malos para el sector financiero e inmobiliario, incentivaron la liquidación de stocks y la entrada de capital extranjero. Era agravar la crisis para intentar salir de ella con la financiación exterior. Evitar tener una economía con bancos zombis que no dieran crédito por tener en sus balances gran cantidad de activos en pérdidas sin contabilizar. Una forma de poner fin a la crisis es forzar aún más su caída para buscar el suelo del mercado. También se modificaba la normativa de las SOCIMIs con grandes ventajas fiscales para los inversores internacionales.

Pronto surgió la crisis de Bankia que, obligada a provisionar, necesitaba una recapitalización impresionante para poder seguir funcionando. Un banco de casi 300.000 millones en activos a finales del 2011 que representaba el 30% del PIB español. A partir de ahí los bancos liquidaron inmuebles dando condiciones preferentes de financiación (muchas veces del 100%) a los compradores de sus pisos. Las provisiones obligatorias de los "Decretos De Guindos" habían hecho que incluso vendiendo por debajo de precio de mercado, el banco daría beneficios sobre lo ya provisionado. Se forzaba a que el precio del mercado bajara más todavía. La vivienda se desplomó más de un 10% ese año en términos interanuales.

Mientras que en EEUU Bernanke intentaba influir en las expectativas de inflación de los americanos con los Quantitative Easings, con el objetivo fundamental de estabilizar el precio de la vivienda -que es la principal garantía de los bancos-, en España De Guindos sacaba un decreto que se vendía como un medio para ofrecer transparencia a los inversores internacionales, pero que en realidad lo que conseguía era hundir el mercado interior. Precipitar el precio de la vivienda provoca que los bancos pierdan garantías, que aumente la morosidad de los promotores y también la morosidad de los particulares: reducir la riqueza de los ciudadanos para reducir la duración de la crisis. Poner un suelo a la crisis agravándola.

Por si fuera poco encima De Guindos afirmaba que su objetivo era que bajara el precio de los pisos y que iban a bajar más. De esta manera conseguía justo lo contrario de lo que intentaba conseguir Bernanke: expectativas de deflación. Estas expectativas reducen claramente la inversión, en este caso la inversión residencial en compra de casas, y contribuyen a la recesión.

Cuando hundes el mercado interior las importaciones decrecen, las empresas interiores que pueden exportar se buscan la vida para vender fuera porque dentro no pueden vender sus productos y termina habiendo superávit comercial. Esto es bueno porque reduces tu necesidad de financiación exterior, y solucionas el verdadero problema de la economía española que es la dependencia exterior con una moneda no controlada en el interior; sin embargo, es malo para los que tienen negocios dentro, que son la mayoría, que ven como sus ganancias caen, y terminan recortando gastos y recortando mano de obra. El desempleo en el corto plazo crece y el malestar general también. Esto tendría su impacto en la valoración del Gobierno y en el auge de nuevos partidos políticos, algunos de ellos de ideología comunista. El malestar sería una losa para el Gobierno en las elecciones autonómicas y municipales del año 2015.

Se va reduciendo tanto la demanda interna que aumenta más el desempleo y éste no puede compensarse con el incremento de actividad y de demanda de mano de obra que generan las exportaciones; entonces la economía sigue cayendo, los desempleados consumen menos y la producción interna necesaria es menor. Estamos en la crisis de finales de 2012 y de 2013. Aunque ya para finales de 2013 la economía va a crecer por el aumento de las exportaciones, todavía el mercado interior y el mercado de inversión residencial siguen deprimidos. Empieza a recuperase en 2014 y 2015 pero sobre una base muy baja.

Respecto a la necesaria devaluación interna de los salarios facilitada por la reforma laboral: en un modelo macroeconómico IS-LM simple se suele utilizar como variable de ajuste los salarios reales, pero son modelos que simplifican la realidad. Que baje el valor de la tierra y las casas, oficinas…, hace que la economía se ajuste y sea más interesante para un extranjero invertir en España o incluso para un nacional que esté en liquidez el comenzar a invertir. Es decir, la bajada de los activos inmobiliarios contribuye positivamente a esta ganancia de competitividad que también se da al bajar ligeramente los salarios, que como sabemos es un mercado mucho más inflexible.

Los primeros que le ponen suelo a un mercado son los inversores, por eso un porcentaje muy grande de las ventas liquidando viviendas de los balances de los bancos han sido en dinero y sin financiación. Esto es porque los que han comprando son los inversores que tienen liquidez. Luego comprarán el resto de demandantes de viviendas según se vaya normalizando el crédito (no olvidemos que este crédito también proviene de inversores que ganan confianza y comienzan a prestarlo).

Hemos tenido una crisis con bajadas de precios de la vivienda desde 2007. Más de 7 años. Un periodo más largo que una crisis inmobiliaria habitual que suele ser de unos 5 años. Que el ajuste haya sido más lento se debe a la entrada en el Euro.

Capítulo II: el Euro y el problema del paro

Cuando los españoles entraron en el Euro nunca les explicaron que se terminaba el mecanismo de devaluación del tipo de cambio como instrumento de ajuste competitivo de su economía en las crisis. Si no hubiéramos estado en el Euro la devaluación habría hecho que la economía se recuperara antes gracias al aumento de las exportaciones y la reducción de las importaciones (en perjuicio de los que tenían patrimonio acumulado en euros que se redenomina en la nueva moneda). Esta recuperación de las exportaciones se habría producido antes porque, entre otros factores, los salarios reales relativos con respecto a otras monedas habrían caído. Además, la inversión también se habría recuperado antes porque los activos en la nueva moneda devaluada serían más baratos para los inversores internacionales. Las importaciones habrían caído sustancialmente debido a su encarecimiento, mejorando el balance comercial de la economía.

Los mercados de crédito nos habrían financiado antes sin la "austeridad" porque los nuevos inversores habrían visto que nuestra moneda está muy devaluada y a los nuevos tipos más altos con una moneda devaluada volvería a haber apetito inversor.

Una devaluación del 40% habría evitado que la vivienda cayera en el interior en la moneda local aunque en términos relativos los ciudadanos se habrían empobrecido con respecto al resto de europeos. El estar en el Euro implica (a falta de la posibilidad de un estímulo fiscal –como el que se pretende ahora con el "Plan Juncker"-) que el ajuste es más lento y debe ser con la bajada de salarios o con la subida de los precios, inflación. Como el BCE tiene un objetivo de inflación del 2% el ajuste debe ser sobre todo con la caída de los salarios.

Y así ha sido, el ajuste se ha realizado reduciendo los salarios totales de la economía y lo ha hecho fundamentalmente a través del desempleo, que ha llegado a casi el 27% de la población activa. Una de las causas de que el ajuste haya sido a través del empleo y no tanto de los salarios de los empleados ha sido la falta de flexibilidad del mercado laboral. Afortunadamente con el Gobierno del Partido Popular se flexibilizó el mercado laboral y ello permitió que se destruyera menos empleo a cambio de reducir algo los salarios. Lógicamente como el mercado laboral no es un mercado muy flexible, esta reducción de salarios es lenta aunque la legislación laboral se flexibilice.

Pero a mi juicio la inflexibilidad laboral no ha sido la causa fundamental del alto nivel de desempleo. La fundamental está relacionada con el tipo de actividad que se produce en nuestra economía. La construcción, la restauración, la hostelería, son negocios muy intensivos en mano de obra de bajo valor añadido. Cuando hay una reducción en las ventas pronto se producen no sólo pérdidas sino reducciones de *cash-flow* (de caja o dinero), y hay que reducir mano de obra porque es el principal coste que reduce cash-flow en ese momento. No es como una fábrica de coches de lujo. Si has pagado ya la planta de producción y amortizado parte de la misma y las ventas caen, tu mano de obra sigue siendo un coste importante que drena caja pero tu tesorería no se reduce tanto porque generas ingresos que te permiten cubrir ese coste de mano de obra variable y parte del fijo de amortizar la inversión en la fábrica. Una vez pagada la fábrica o parte del crédito de ella, si tu negocio tiene un alto valor añadido tardas tiempo hasta que tus ventas se reducen tanto que la mano de obra drena tanta liquidez al negocio como para tener que cerrar. Pero si tienes un bar y de la noche a la mañana se te quedan vacías el 20% de las mesas, pronto te sobran camareros o empiezas a reducir tu liquidez. El tipo de actividad, si es de mayor o menor valor añadido; y si está más o menos financiada, con mayor o menor servicio de la deuda afecta cómo se va reduciendo tu cash-flow durante la crisis.

El negocio inmobiliario de venta residencial tiene los dos problemas, no es de gran valor añadido salvo cuando sube mucho el precio por falta de oferta, pero ese valor se lo queda el incremento del valor de los terrenos futuros necesarios para continuar con la actividad. Y además suele estar altamente apalancado, con lo que necesita un gran servicio de deuda y además necesita amortizar el capital con cierta rapidez siempre que sea el promotor el que pague porque no se han vendido las viviendas.

Si a esto le sumas que el negocio inmobiliario residencial es cíclico y que las ventas se desploman de la noche a la mañana, pronto tienes un efecto dominó sobre toda la economía donde el principal incentivo es despedir a la gente, a su vez se reduce más la demanda y se despide más a la gente.

Esto hace que el paro en Grecia o España, más centradas en los servicios y en el turismo de bajo valor añadido, sea mayor que en Alemania o Japón donde la actividad industrial de alto valor añadido representa una parte más importante de la economía. Pero hay más, Grecia es un país muy dependiente del capital extranjero porque es pequeño y muy turístico. Cuando llegan las crisis dentro de la zona Euro pronto los capitales de los países del centro de Europa que tienen superávit comercial entran en pánico y quieren volver a su tierra. Alemania, Holanda, etc. Son países conservadores con menos consumo y más ahorro. Son los que tienen el dinero. Cuando llega el miedo el dinero vuela de los países periféricos. Empezando por los más pequeños que dependen más del exterior. Grecia, Islandia, Chipre, luego el pánico crece, Irlanda, Portugal, España, Italia y finalmente Francia. Todo se va contagiando. Cuando llega la crisis financiera el dinero quiere volver a su país y el que tiene algo ahorrado en los países periféricos también lo quiere llevar a algún país seguro.

Max Weber explicaba estos patrones de ahorro-consumo en términos de costumbres relacionadas con las creencias religiosas. En los países protestantes crece más la economía gracias a la acumulación de capital y al mayor trabajo técnico porque la religión ha creado una cultura, o ha influido sobre ésta, en la que las personas pueden ir al Cielo si son austeras, trabajadoras y serias, sin que lo más importante sea simplemente rezar. Los trabajos técnicos, como ser Ingeniero, en los países protestantes se imponen a los trabajos más humanistas, como ser abogado, más típicos de los países católicos. Incluso explica estas diferencias en las regiones alemanas con mayor o menor población protestante o católica. Es más, el determinismo con el que se nacía en esos países protestantes (por ejemplo, en el puritanismo o el calvinismo) exigía a una persona para poder "salvarse" un comportamiento intachable (en el trabajo y pagando las deudas), frente a los países católicos dónde cabe el arrepentimiento y el perdón. Esta influencia de la religión en la cultura de los países es evidente. Este resumen, poco sofisticado, que hago del libro "Ética protestante: el espíritu del capitalismo"[8] me parece una muy buena explicación de por qué se ha dado el desarrollo económico acumulando capital en los países de religión protestante. Creo que la explicación es muy acertada y aunque he leído a algún autor como Luis Garicano criticarlo en su libro "el Dilema de España"[9] creo que Max Weber tenía razón y un gran conocimiento del tema. Lo más parecido a esta cultura del trabajo que tenemos en el mundo católico español, es la doctrina del Opus Dei. Y sí es cierto que muchas personas vinculadas al mismo son gente seria, muy trabajadora y con dinero.

La explicación sobre la riqueza de las naciones expresada en el libro "Por qué fracasan los países" de Daron Acemoglu y James A. Robinson[10], no me parece completa. Cierto es que las instituciones sólidas son un requisito para generar riqueza, aunque no sé si a veces son causa o a veces efecto de la evolución de la propia

---

[8] Max Weber. "Ética Protestante: el espíritu del capitalismo". Ed. Alianza Editorial.
[9] Luis Garicano. "El dilema de España". Ed. Península. 2014.
[10] Daron Acemoglu y James A. Robinson. "Por qué fracasan los países". Ed. Deusto. 2012.

riqueza. Por otro lado, que el Estado no tenga instituciones extractivas de la riqueza de los particulares, sí me parece una explicación parcial de cómo ésta puede evolucionar en el largo plazo. Es decir, una sociedad muy extractiva como puede ser un país Comunista será más pobre que uno menos extractivo. Pero la razón no será sólo ésta sino también el grado de libertad económica de su economía. Es un tema complejo con una explicación difícil. También creo que indirectamente la ubicación geográfica influye en el nivel de riqueza en cuanto que no es lo mismo vivir en la frontera con el centro de Europa (Cataluña o Eslovenia) que en la frontera con África o con la periferia más pobre de Europa (Andalucía o Macedonia).

En cuanto al fenómeno de fuga de capitales hacia la Europa más rica con balanzas comerciales positivas, se ha dado en esta crisis y se dará en las siguientes siempre que no haya Eurobonos. Cuando llega el pánico el dinero se vuelve conservador. Sale de la vivienda, que se desploma, sale de Grecia que se arruina, sale de todo lo que puede sonar a riesgo. Para evitar esto está el Banco Central Europeo y los gobiernos de la Unión Europea. ¿Por qué? Porque está en el interés de todos que este pánico sea lo más moderado posible para que la economía no termine como ha terminado. Sin embargo, el BCE ha subido tipos dos veces durante la crisis dando muestras de que no se enteraba de lo que estaba sucediendo y los gobiernos han pedido reducir el déficit público en un momento en el que era lo único que sostenía las economías. ¿Cabía otra solución? Seguramente la mejor para la sufriente población del Sur de Europa era la que tomó EEUU aunque ello hace que su economía siga con déficit comercial y muy dependiente del capital exterior.

Hemos tenido dos ejemplos de cómo gestionar una crisis. El modelo americano, seguramente heredero de lo aprendido de Milton Friedman sobre política monetaria y de Keynes en materia fiscal (aplicado por Franklin D. Roosvelt en su "New Deal").

Bernanke ha tenido una actuación bastante buena influyendo sobre las expectativas de inflación, especialmente del mercado de la vivienda, igual ha sucedido con Obama y su equipo económico que han sabido aplicar los estímulos fiscales necesarios y las medidas de ayuda al mercado de la vivienda necesarias para evitar la sangría. Aunque como señala, creo que acertadamente Krugman, de manera insuficiente y, a veces, deficiente.

Frente al modelo americano, tenemos el modelo europeo, que ha sembrado el miedo incluso cuestionando la permanencia de algunos países en el Euro. Sólo cuestionar la permanencia de Grecia influye negativamente sobre toda la percepción del riesgo en la zona Euro y contribuye a empeorar la situación. En su día no era culpa de los griegos, hoy, en el año 2015 empieza a ser culpa de ellos alimentar esta situación.

Se habla en política a veces de los economistas neoclásicos vs. los keynesianos. Los votantes socialistas podemos decir que apoyan más las medias tomadas por las políticas keynesianas y los votantes democristianos a las de los neoclásicos. En Economía más o menos está claro que los keynesianos tienen razón en el corto plazo y los neoclásicos en el largo. Es decir, los keynesianos hablan de que los salarios reales se ajustan lentamente y, por tanto, en las crisis tiene que haber una intervención del Estado para reducir su duración. Es evidente que es así, tienen razón. Pero por otro lado los neoclásicos hablan de la importancia de la libertad en los mercados y de que se asignen los recursos productivos en función del mercado y no del Estado, y es evidente que las economías capitalistas funcionan mejor que las socialistas (entendidas como comunistas), que terminan haciendo planificación económica y asignando recursos no productivos en sectores no productivos.

Tal vez un keynesiano prefiere aumentar el gasto público en una situación de crisis antes que reducir los impuestos. Pero ambas medidas son medidas de estímulo en el corto plazo. Un neoclásico preferiría reducir el gasto, los impuestos y que el mercado se ajustara poco a poco en el medio plazo. Lo que estamos haciendo ahora en España en cierta medida. El problema de esta solución es el nivel de paro en el corto y medio plazo. En el largo plazo es una buena solución.

Pero, ¿qué pasa con los parados? A mi juicio en esta crisis lo más inteligente habría sido que los países no periféricos, léase Alemania y los que la siguen, hubieran permitido más flexibilidad fiscal o incluso hubieran financiado estímulos fiscales a la vez que el BCE bajaba más rápido los tipos de interés e introducía medidas que evitaran la fragmentación en los mercados de crédito. Todo ello pensando en el corto plazo. Haber actuado antes y con más contundencia. Se habrían evitado unos niveles de paro cercanos al 27%, poco a poco la economía habría reproducido la destrucción creativa para reasignar recursos a los sectores más productivos y habríamos salido de la crisis de una manera más justa.

EEUU toma las medidas más agresivamente que Europa porque como muy bien explica Raghuram Rajan, gobernador del Banco Central de la India y profesor en excedencia de la escuela de negocios de la Universidad de Chicago, en su libro "Grietas del Sistema", no tiene un sistema de seguridad social que permita una crisis prolongada en el tiempo sin que haya una crisis social. Antes, el riesgo a una crisis de este tipo en Europa era menor gracias al Estado de Bienestar pero al obligar a reducir el déficit público a los países periféricos sin el apoyo inicial del Banco Central Europeo, el paro creció durante demasiado tiempo y con ello han llegado los mal llamados "populismos". La extrema izquierda no es más que una reacción lógica a las medidas o falta de ellas que han incrementado excesivamente el desempleo. El objetivo de Europa debía haber sido reducir este paro y no reducir el déficit. El déficit habría que haberlo reducido poco a poco una vez se fuera recuperando el empleo.

Se ha creado un problema para la Economía capitalista. Vuelve la inestabilidad y ello es porque han faltado medidas acordes a la dimensión del problema. Parece que no aprendimos de las lecciones del crack del 29. En una crisis pequeña se podría haber sido menos tajante en cuanto a las reformas a emprender y a las políticas fiscales y monetarias realizadas; pero en esta, mucho más grande y tal vez con cierto contenido estructural, aunque seguramente mucho menos que el que los mercado descontaron en los peores años de la misma, hacían falta medidas de estímulo monetario y fiscal mucho más agresivas.

Las de tipo monetario se están poniendo tarde y mal. Tarde porque llegan mucho después que en el caso de la Fed. EEUU está saliendo antes de la crisis que Europa. El objetivo de inflación del BCE se ha incumplido por debajo demasiado tiempo (de incumplirse debería haber sido por arriba, incluso subiendo el objetivo de inflación temporalmente al 3%). Y mal porque debería haberse ampliado antes el mandato del BCE para que pudiera hacer compras selectivas allí dónde estaba el mayor problema que era en las titulizaciones hipotecarias y en la deuda periférica.

Ello habría reequilibrado los mercados con problemas mucho antes y habría contribuido sustancialmente a reducir la duración de la crisis y su impacto en el desempleo. Se podría haber evitado mucho sufrimiento en las familias más desfavorecidas. A partir de ahí tendríamos en España que haber reducido lentamente el gasto para reajustar el déficit e intentar volver a generar superávit para reducir la deuda. Que es más o menos lo que se está haciendo ahora, pero debíamos haber hecho un estímulo mayor y haber reducido el gasto más lentamente. Seguramente el déficit se habría corregido a un ritmo parecido o no mucho más lentamente debido a la mayor recaudación por el mayor crecimiento de la economía. Se estaría creando mucho más empleo del que se crea, como sucedió en crisis anteriores donde la recuperación fue mucho más rápida y la creación de empleo también mucho más acelerada.

La vía para salir de la crisis ha sido otra: reducción de déficit público pero sin estímulos monetarios suficientes y sin estímulos fiscales que contaran con el apoyo de otros países con menor deuda. La reducción de déficit no se ha conseguido del todo porque al final hemos entrado en una espiral de menos crecimiento o decrecimiento, menos ingresos públicos y más paro.

Este modelo de salida de la crisis que hemos aplicado en Europa es mucho más traumático pero tiene también sus ventajas. Si te cargas los negocios internos que ya no son viables por la falta de crédito y demanda interna, y mandas a la gente al paro, al final esa gente sólo podrá encontrar trabajo en los sectores productivos que por ahora fundamentalmente serán los exportadores, hasta que la demanda interna se recupere. Es decir, reasignas los recursos a las actividades productivas sin intervención pública que atempere ese cambio radical. Esto genera una caída mayor de la economía, más paro, pero posiblemente en el medio y largo plazo una reasignación de recursos mejor. Es decir, parece que España cuando salga de la crisis tendrá una economía más exportadora con mayor ahorro, menos endeudada y menos dependiente de la inversión exterior pero todavía con ¡demasiado paro!

Esto será traumático para muchas familias porque el ajuste será lento. De ahí que surjan partidos como Podemos que canalizan ese malestar popular. Hubiera sido deseable una mayor flexibilidad desde Alemania para permitir una política fiscal menos restrictiva y una política monetaria mucho más expansiva y selectiva. Sólo hace falta ver cómo ahora, con retraso, el BCE lo intenta corregir, mientras empieza a haber una burbuja en la deuda pública de países como la propia Alemania (y tal vez en su sector inmobiliario).

Una vez se ha dado gran parte del ajuste y del sufrimiento de las familias ahora no tiene sentido deshacerlo todo y lamentarnos por lo hecho. La economía española crecerá en los próximos años y el crecimiento será más compensado y menos dependiente de la financiación exterior. Aunque cuando empiece a crecer con fuerza pronto entrará el capital extranjero que invierte en deuda y volveremos a ver los mismos comportamientos de los mercados interiores que en otros ciclos, empezando por la vivienda que subirá como ya lo ha hecho otras veces. En EEUU ya llevan desde finales del 2012 de recuperación de los precios de la vivienda.

Pero además también la disciplina fiscal tiene otras ventajas, la deuda pública de partida es menor que en el modelo que ha utilizado EEUU. No olvidemos que Europa actualmente tiene superávit comercial (EEUU tiene déficit) y menor deuda en porcentaje de su PIB que EEUU. Es decir, no todo es malo para Europa.

En lo que no puedo estar de acuerdo es que con el modelo de resolución de crisis anti-déficit que hemos aplicado en Europa esta mejore su competitividad. Es un tema que es muy recurrente en los medios de comunicación pero no es cierto. Una economía con un

27% de paro no puede ser más competitiva que una economía con un 8% de paro. Tiene demasiados recursos infrautilizados como para ser competitiva. Podrá exportar más porque las empresas ahora tienen mano de obra más barata pero el conjunto de la economía sigue teniendo una carga demasiado pesada que es un nivel de paro altísimo. Esa carga se traducirá en un coste económico por medio de los subsidios de desempleo o un coste social y político que terminará siendo económico, por medio de la aparición de partidos que pretendan repartir la riqueza a los trabajadores en paro y a todos los más perjudicados por la crisis. Es decir, partidos de extrema izquierda como Podemos. No es posible tener un paro tan elevado y que ello no afecte tarde o temprano a todos los ciudadanos.

Cuando esos parados se reasignen en trabajos de sectores que generen beneficios entonces podremos hablar de un país competitivo. Pero para eso pasará tiempo. Si esos sectores son cíclicos, como lo es el inmobiliario, pues la competitividad durará el tiempo que se gane dinero en el sector y luego se perderá. No se debe engañar a la gente y decirles que viven en un país mejor cuando realmente muchos de los ciudadanos no tienen trabajo. Y mucho menos cuando hay un paro juvenil que supera el 50%, cuando en muchos países del norte de Europa esa tasa no llega al

10%. ¿Es porque la legislación laboral no es suficientemente flexible? Evidentemente no, porque como todo el mundo sabe en España el mercado laboral tiene una gran dualidad y los jóvenes son los que sufren la precariedad y la falta de derechos. Se dice que durante la crisis aproximadamente unos 700.000 españoles han ido a trabajar a otros países, gran parte por falta de oportunidades en España. También muchos extranjeros que vinieron durante la primera década del siglo XXI para buscar un futuro mejor han regresado a sus países de origen.

No existen mecanismos mágicos de reasignación de la mano de obra, al final una empresa contrata a un trabajador si el ingreso marginal que recibe por ese trabajador supera el gasto marginal por tenerlo. Es decir, si gana dinero contratándolo. Ya sea en el corto, medio o tal vez largo plazo. Pero nadie tiene contratados trabajadores si no gana con ellos en el largo plazo.

Por tanto, la mejor inversión que puede hacer un país es en la cualificación de sus ciudadanos. Un país con una alta cualificación genera un mayor valor añadido en su producción de bienes y servicios; sus trabajadores no sólo ganarán mejores sueldos sino que también el empleo será menos sensible al ciclo. Un ejemplo es Alemania. En este país ser Doctor es prestigioso y se tiende a estudiar lo máximo posible. En España antes eran los Bachilleres, luego los Licenciados... pero todavía hay pocos Doctores. La evolución es positiva, el punto de partida era peor. La educación de calidad es fundamental en cualquier país y España debe invertir especialmente en ella. Si uno compara las cifras de gasto público en Educación con otros países, datos del 2012, España está en el puesto 90 de 175 en proporción a su PIB. Una cifra baja. Si comparamos lo que representa el gasto en Educación con respecto al total del gasto público, estaríamos en el puesto 149 de 175. La causa fundamental está en el gasto que se hace en la educación universitaria. Sólo las universidades de Harvard y Stanford reciben más ingresos que todo el sistema público universitario español. Debemos redefinir nuestras prioridades de gasto público.

Sorprende que España destine menos gasto público en Educación sobre su PIB que EEUU, un país que apuesta fundamentalmente por un modelo de enseñanza privada.

Yo creo, también en educación, que se han hecho muchos avances y de hecho a pesar del ciclo exagerado que hemos vivido por la entrada en el Euro, una política monetaria equivocada y una política fiscal demasiado pasiva, la historia económica de España de los últimos 30 años ha sido un éxito. No comparto los pensamientos de aquellos que aprovechan la crisis para querer reformarlo todo. Las crisis son momentos en los que hay que hacer cambios pero no hay que volverse locos.

Como decía, la Educación en España ha mejorado mucho, se ha generalizado, la creación de universidades privadas y el modelo mixto privado-público han permitido una educación de calidad a un precio razonable. Esto poco a poco ha afectado positivamente a la economía y seguirá haciéndolo en el futuro. Pero lo cierto es que viendo los comparables, teniendo en cuenta las diferencias de renta entre las personas y las regiones, en España debería haber un mayor gasto público en educación.

Volviendo a la cuestión, por formar parte del Euro hay hoy un alto nivel de desempleo. Como la devaluación de los salarios reales ha sido lenta porque el mercado laboral suele ser poco flexible y se ajusta muy lentamente, al final de la crisis, el nivel de paro es muy alto. Esto hace que la economía en su conjunto tenga un problema de excesivo coste social y económico. Y aunque las empresas sean competitivas al inicio de la recuperación, la economía en su conjunto no lo es, porque tiene que pagar los subsidios de desempleo y la mano de obra parada no genera producción. Esto a su vez hace que el déficit público siga siendo elevado y que la deuda pública siga creciendo.

No es una cuestión baladí porque al final de la crisis los países que llaman periféricos de Europa se encuentran con un alto nivel de paro y una excesiva deuda pública y privada. En España, la deuda privada que era elevada se ha reducido un 40% en relación al PIB durante la crisis, mientras la pública ha crecido un 60%.

Aunque ahora se crezca, la creación de trabajo será lenta y se tardarán muchos años hasta volver a los niveles de empleo anteriores a la crisis con los problemas que ello creará a nivel social.

Pongamos que la próxima recesión se retrase debido a la gran crisis que hemos tenido y al gran exceso de capacidad que ésta ha generado. Supongamos que la próxima crisis sea en el año 2019 o en el 2020 y que no vaya a ser una recesión ni muy larga ni muy dura. Incluso en este caso, no habrá dado tiempo a países como España o Grecia para reducir su deuda ni su paro lo suficiente como para poder tomar medidas contra-cíclicas. Aunque se puedan realizar estímulos fiscales como el Plan E (que por cierto, insisto, en el corto plazo sí funcionó aunque seguramente no se invirtiera en nada productivo para el largo plazo); cualquiera de estos estímulos fiscales, ya sea un mayor gasto público o una reducción de impuestos, siempre generarán en el corto plazo mayor déficit público, que acumulado a la deuda pública y privada que haya en su momento podrían precipitar el final del Euro. Este riesgo existe y es muy serio. Los países de la zona euro deberían empezar a estudiar cómo solucionar este problema en el largo plazo.

Se me ocurren algunas medidas que pueden tomar los propios países afectados, pero todas son malas. Son malas, porque si uno reduce el gasto público en el corto plazo influye negativamente en la economía y si ya de por sí hay niveles de paro muy elevados, pues mala solución. No habrá una reducción potente del gasto público durante la recuperación económica y menos con la llegada de los partidos de extrema izquierda.

La conclusión es que España, Grecia o Italia no debían haber entrado en el Euro. Una vez dentro hay que centrarse en la dependencia exterior de las economías. Porque el capital en la zona euro siempre irá al país más seguro en el caso de una crisis y en la próxima tampoco serán Grecia, España o Italia. Así España debe en estos próximos años centrarse en lo que básicamente está intentando hacer, no estimular demasiado su demanda interna y centrarse en exportar más, flexibilizar el mercado laboral para mejorar su posición competitiva. Pero esto será a costa de aumentar las desigualdades sociales. Si no lo hace a tiempo, en la próxima crisis saldrá del Euro. No habrá manera de mantenerla dentro. O por lo menos, será mucho más probable que así sea.

Si llegan los partidos de extrema izquierda al gobierno y les da por estimular excesivamente la demanda interna a costa de aumentar el déficit público, España saldrá del Euro en la próxima crisis. Sólo se pueden aplicar estas políticas expansivas si existe apoyo de los otros países de la Unión Europea y del Banco Central Europeo, y esto parece que no se da, sólo hay que ver el caso griego, que resulta del todo lamentable.

Los ciudadanos griegos y los españoles deberían haber recibido más información de sus políticos y de los riesgos que entrañaba entrar en el Euro. Porque una vez dentro salir es muy traumático y genera demasiados problemas. En el caso griego, lo mejor que pueden hacer hoy es salir del Euro, porque cualquier escenario futuro pasa por el mismo problema. Un alto endeudamiento y una economía que no puede pagar sus deudas. Lo mejor sería que salieran del euro y entraran en un Dracma devaluado que traería al principio alta inflación y la imposibilidad de comprar productos extranjeros, pero que sería la solución para que su deuda fuera inferior, al redenominarla en Dracmas devaluados sería una especie de quita de la deuda. Este nuevo Dracma devaluado con tipos de interés más altos y su propio Banco Central atraería nuevamente capital extranjero. Además las exportaciones subirían al ser en la nueva moneda y las importaciones caerían. La balanza exterior mejoraría considerablemente. Los griegos serían más pobres en cuanto que sus activos valdrían menos en el exterior pero también su deuda sería menor.

España, no está en la misma situación, su deuda es sostenible y su déficit público parece más o menos controlado. El crecimiento que está teniendo desde los niveles más bajos del ciclo parece indicar una recuperación. Persiste el problema social y político del alto nivel de paro y un alto endeudamiento. Sólo la historia dirá si son problemas graves o problemas que se irán corrigiendo poco a poco.

Afortunadamente para los países del Sur de Europa, creo que la recuperación europea va a ser lenta. Hay mucho exceso de capacidad productiva y no creo que la economía crezca con demasiada intensidad en la Unión Europea en los próximos años. Ello hará que la producción siga por debajo de su potencial durante bastante tiempo y que no haya tensiones inflacionarias; la economía no se va a recalentar y los países del sur de Europa van a tener condiciones de financiación muy favorables con tipos de interés bajos durante un período prolongado de tiempo.

El paro se corregirá poco a poco y si nadie se vuelve loco con políticas comunistas de planificación económica, España saldrá de la crisis.

Aquí volvemos a los puntos anteriores, si queremos reducir el paro, si queremos que los trabajadores y empresarios ganen más debemos mejorar la productividad de nuestros factores productivos y eso pasa por tener mejor educación (no sólo gastar más, sino más eficientemente) tener una energía más barata, ya sea con el fracking o con cualquier otro tipo de inversión energética que reduzca el coste de la energía y su dependencia exterior.

Esto son soluciones a largo plazo que debemos como país empezar a hacer. Siendo conscientes de que no es fácil. De que hacen falta políticas de inversión pública potentes y de estímulos para la inversión privada. Liberalizando los mercados para que la empresa mejor pueda sobrevivir a las crisis y aumente la productividad total de la economía. Eliminando trabas administrativas y la intervención o el exceso de regulación allí dónde no favorece al mejor sino al que tiene mejores contactos.

Esta liberalización también debe darse en la política, los partidos deben centrarse más en los ciudadanos y menos en sí mismos. Deben abrir sus listas. Deben aumentar su transparencia y mejorar los servicios públicos con mayor competencia entre ellos.

La administración debe introducir criterios de competitividad, como ha sucedido por ejemplo en Madrid, donde se puede elegir médico. La gestión pública y los servicios públicos deben introducir mecanismos de eficiencia y para ello debe haber competencia. Pero la crisis nos ha tenido que servir para darnos cuenta que la regulación es necesaria. Que un banco de inversión no puede ser un banco comercial, como ya se hizo después del crack del 29. Que un banco no debería dedicarse a promover viviendas, que lamentablemente es lo que algunos están haciendo ahora sin límite legal alguno.

Capítulo III: ¿España no es competitiva?

Es curioso escuchar frecuentemente a economistas, o a periodistas especializados en Economía, que España no es un país competitivo y además utilizar para ello el dato de que España tiene una balanza comercial con déficit (vende menos al extranjero de lo que compra) y por eso somos poco competitivos.

Esto no es así. Que un país tenga una balanza comercial positiva o negativa depende más de que el resto del mundo esté dispuesto a prestarle dinero o a comprar activos de ese país que de su capacidad de venta. Y también del patrón de ahorro de los habitantes del país. Es decir, si el déficit comercial no se financia porque los extranjeros compran casas en España o porque nos prestan dinero entonces no hay manera de gastar más de lo que se ingresa y no hay manera de que haya déficit, con independencia de si los productos de ese país son mejores o peores. Si, por otro lado, los españoles fuéramos muy ahorrativos y no nos gustara gastar nada tampoco habría déficit porque consumiríamos menos de lo que vendemos.

La balanza comercial tiene más que ver con los patrones de ahorro de los ciudadanos de un país y de la percepción que tienen los prestamistas sobre ese país que de su competitividad exterior. Es cierto, que si una economía vende productos elaborados de alta calidad y compra productos sin elaborar tiene más facilidad de ahorro, pero no necesariamente. Por ejemplo, China vende productos poco elaborados y tiene superávit comercial porque sus ciudadanos consumen poco. En sentido opuesto, Japón vende productos muy elaborados, como también hace EEUU, y sin embargo en los últimos tiempos han tenido déficits comerciales.

Según datos del Banco Mundial y de la OCDE, las exportaciones en España representaban el 32% del PIB español en el 2014, en el año 2010, España exportaba el 25,5% de su PIB. Podemos compararlo, por ejemplo, con EEUU, en el año 2013, este país exportaba el 13,5% de su PIB. Grecia en el año 2010, exportaba el 22%, en el 2014 exporta el 33%.

Es evidente que influyen varios factores sobre las exportaciones, en primer lugar influye el tamaño de la economía. EEUU es un país muy grande con un mercado interno enorme y eso hace que este mercado haya crecido tanto que el porcentaje de exportaciones sea menor. Pero por otro lado, influye la financiación que recibe en cuanto a la confianza que tienen los inversores internacionales en la solvencia de su economía. Todavía hoy EEUU, a pesar de la crisis, tiene déficit comercial y no ha corregido sus desequilibrios. Sus exportaciones han crecido del 12,4% de su PIB en 2010 al 13,5% en 2014. Las importaciones del 13,16% al 13,83%. Los americanos seguían pudiendo consumir productos y servicios a pesar de la crisis, y las empresas americanas no tenían que ir a venderlos al extranjero. La demanda interna se mantuvo fuerte gracias a que su gobierno estimuló su economía generando déficit público que a su vez podía ser financiado por la Fed. Su propio Banco Central. Lo que no sucede con los países del Sur de Europa. Debido a esta financiación de la Fed, el dólar se debilitó durante algunos años lo que ayudó a incrementar ligeramente las exportaciones norteamericanas.

Sin embargo, en Grecia y en menor medida en España. Cuando la confianza en sus economías cae, las empresas tienen que ir a buscar la demanda fuera del país porque los ciudadanos de ese país tienen menos recursos. No reciben financiación ni el Estado puede gastar lo que debería. Los ciudadanos reducen su deuda privada (en España un 40% del PIB desde el inicio de la crisis) y consumen menos dentro del país. Aumentan las exportaciones de las empresas interiores que buscan clientes fuera en mayor medida que aumentan las importaciones de sus ciudadanos. La economía crece a base de exportar porque la demanda interna no recibe el capital exterior vía financiación o vía compra de activos. La confianza en España y Grecia cae y sólo pueden arreglar su situación vendiendo más fuera.

Las exportaciones durante la crisis han crecido más en Grecia que en España. ¿Por qué si se supone que han tomado menos medidas que los españoles? La economía griega es más dependiente del exterior que la española, es una isla con menos habitantes y un mercado interior mucho más pequeño. Cuando se cierra el grifo de la financiación en el sector privado, los griegos empiezan a exportar más, desde el 22% del PIB en 2010 al 33% en el 2014, mientras que en España se pasa del 25,5% al 32%. Es decir, las exportaciones en proporción crecen más en Grecia, fruto de la crisis y de la caída de la demanda interna del sector privado.

¿Por qué está entonces España mejor en su déficit exterior? Por su sector público. Mientras en Grecia el sector privado se ajusta y exporta más incluso que el español; el gasto público griego crece y crece hasta alcanzar el 60% del PIB. Este sector público sigue generando demanda interna. De hecho las importaciones en Grecia pasan del 30,7% del PIB en 2010 al 35,3% del PIB en 2014. En España sin embargo el gasto público se reduce en estos años como porcentaje del PIB, llegando a estar próximo al 43% del PIB (en el

2012 era el 47% del PIB). El Estado va decreciendo para conseguir cumplir con su objetivo de déficit público. Así las importaciones pasan en España de ser en 2010 el 26,8% del PIB a ser el 29,6% del PIB en 2014. Es decir, en España crecen 2,8 puntos las importaciones en relación a su PIB en el periodo mientras que en Grecia crecen 4,6. El Estado sigue consumiendo recursos en Grecia que no debe consumir. Mientras el sector privado griego empieza a exportar como sucede en España, fundamentalmente porque no le queda otro remedio, su clase política no quiere ajustar el gasto público, y por tanto, su demanda interna crece. Pero además la peor de las demandas internas la menos eficiente en el largo plazo, la de los que están alrededor del poder. Aquellas empresas que no tienen que salir fuera a exportar para buscarse la vida sino aquellas que viven de los presupuestos generales del Estado griego. El gasto público de Grecia estaría muy bien, como el estímulo fiscal de EEUU, si tuviera su propia moneda que se iría devaluando poco a poco según su Banco Central bajaba los tipos de interés y compraba deuda griega. Pero esto no es lo que pasa en Europa. Aquí Grecia se está endeudando en una moneda que no le pertenece y que se ajusta a la realidad de toda Europa y no sólo de Grecia.

El análisis no es tan sencillo, pero seguramente, esta sea una muy buena explicación del fenómeno. Igual también habría que mencionar la reforma laboral española y su impacto sobre la demanda interna. Es posible que también tenga un efecto muy positivo en las finanzas, aunque a los ciudadanos no les parezca lo mismo porque pueden consumir e invertir menos en el corto plazo, pero en el largo plazo agradecerán las medidas que se han tomado para hacer sostenible el país, teniendo en cuenta que ya se está en el Euro y que los países del norte no están por la labor de mutualizar deuda creando eurobonos para financiar más gasto público.

Y en cierto sentido es lógico porque es un modelo, el de Ludwig Erhard, que les funcionó muy bien a los alemanes. Liberalización de mercados y creación de una economía que viva fundamentalmente de la exportación. El problema es cuando se intenta que toda Europa viva de la exportación. Esto es muy difícil porque la moneda tenderá a apreciarse y no todos los países serán competitivos.

Durante esta crisis si Alemania hubiera tenido su propia moneda, el marco, el dinero habría ido hasta allí para refugiarse (como ha sucedido con el franco suizo) y sus exportaciones habrían caído considerablemente. Alemania no estaría en la situación actual y los países del sur de Europa tampoco, porque la peseta, la lira y el dracma se habrían depreciado, aumentando las exportaciones del Sur de Europa, sus economías habrían crecido más en términos relativos y habrían tenido menores niveles de paro. Es decir, entrar en el euro para estos países ha sido un error.

Es predecible que en el corto y medio plazo los déficits comerciales españoles se reduzcan o incluso que haya superávits, de hecho el país lleva ya varios años reduciendo su financiación exterior. No serán fruto sólo de una mayor competitividad de nuestros productos sino también, y fundamentalmente, de que los extranjeros no están tan dispuestos a prestarnos, a financiar nuestros déficits comerciales y no les queda a las empresas españolas más remedio que vender más fuera, donde hay más demanda.

Cuando la confianza en la economía española vuelva, es posible, que vuelva otra vez a haber déficits comerciales. Como sucede hoy en EEUU.

El lado positivo del reequilibrio de la economía española, está en el incremento de las exportaciones que es, en parte, fruto del necesario ajuste de salarios reales y, por otra parte, porque las empresas buscan una salida a sus productos y servicios en el exterior. ¿Es España ahora más competitiva que antes de la crisis? Tal vez, lo cierto es que un país que llegó a tener un 26,4% de paro en 2013, que es un exceso de capacidad productiva importante, no parece un país muy competitivo. Lo serán tal vez las empresas vivas que tengan trabajadores con sueldos más bajos fruto del exceso de oferta en el mercado laboral, pero el país en sí ha perdido competitividad. Una empresa con capacidad sobrante, podrá vender más debido a que baja el precio para ocupar capacidad y tener un coste unitario de producción más bajo, pero no será más competitiva que una que opera en su nivel óptimo de capacidad. Si crecen las exportaciones no es por el aumento de la competitividad de la economía en su conjunto sino porque las empresas no tienen demanda dentro y se van fuera. Sólo hace falta ver la evolución de las exportaciones de Grecia. Son las empresas las que aumentan su competitividad al tener precios más atractivos fruto de unos costes más bajos derivados del exceso de capacidad de esa economía. Pero una economía con el 26,4% de paro no es más competitiva que cuando tenía un 8% de paro. Igual que España por exportar un 32% de su PIB no es más competitiva que EEUU por exportar un 13,5% de su PIB. Exporta más porque tiene que irse fuera a vender.

Este es el origen de que Alemania y Japón se convirtieran en países exportadores. La segunda Guerra Mundial que perdieron, dejó devastado sus países, con economías muy dependientes del capital exterior y unos niveles de demanda interna muy bajos. Eso hizo que aprovechando los recursos industriales vinculados a la guerra que quedaron, empezando por la mano de obra, se centraran en exportar. Por eso hoy economías tan potentes como la Alemana tienen en el año 2014 un 45,6% de exportaciones sobre PIB. En verdad este dato es tan alto gracias al Euro y las ventajas que supone para Alemania.

Si uno se fija en Japón, tiene un 16,2% sobre PIB de exportaciones y eso es porque el Yen se apreció durante mucho tiempo al ser un mercado refugio en Asia. El Banco Central Japonés permitió erróneamente durante mucho tiempo la deflación con una base monetaria insuficiente. Ahora afortunadamente intenta devaluar el Yen y crear inflación. Alemania estaría en una situación muy parecida a la japonesa si no estuviera en el Euro.

Sin embargo, Luxemburgo tiene un nivel de exportaciones sobre PIB de un 203,3% o Emiratos Árabes Unidos un 99,5%, o Hong Kong 219,6%. Suiza 72,1% sobre PIB en 2013. Lo que explica que las exportaciones también dependen del tamaño de las economías (más pequeña más tiende a exportar porque no puede vender dentro) y de los flujos de capitales que reciben por los incentivos fiscales o por otras causas.

Resumiendo, Alemania se ha financiado con el dinero de los países periféricos y ha tenido una moneda mucho más devaluada que si hubiera tenido el marco alemán. Alemania si hubiera estado fuera del Euro, tendría niveles de exportaciones sobre PIB bastante inferiores a los que tiene actualmente y durante la crisis sus exportaciones habrían sufrido más. No es una cuestión de competitividad, es una cuestión de tipo de cambio y de tamaño del país (de su economía interna), así como de confianza de los inversores extranjeros para invertir en ese país o tener su dinero en ese país. Sería deseable que puesto que los alemanes se han beneficiado del Euro aportaran algo más a la solución de los problemas de paro del Sur de Europa. Es algo que debemos exigirles. Sí, son los acreedores, pero también los beneficiarios de la Unión Monetaria en los términos que se hizo. Y a las pruebas nos remitimos, alto nivel de paro en el Sur de Europa y altas exportaciones en Alemania, bajo nivel de paro y sin déficit fiscal.

También afectan a las exportaciones otros factores como puede ser la ubicación geográfica. Por eso España no puede ser Dinamarca o Bélgica. España es un país que tiene un mayor potencial de crecimiento que otros países más ricos donde los costes son mayores y donde el potencial de mejora de la formación de sus trabajadores es menor; eso hará que cuando vuelva el crecimiento, volverá a entrar la financiación y seguramente a largo plazo el déficit comercial seguirá existiendo. Mucho más si gobiernan los partidos que promueven aumentar el gasto público y, por tanto, la demanda interna. La situación de reducción del déficit comercial o aparición de superávit será seguramente un fenómeno pasajero. Para un alemán es mucho más interesante invertir en su misma moneda en un país donde los costes son más bajos y donde hay mayor potencial de formación de la mano de obra y por tanto de mejora de los factores productivos que en un país donde los trabajadores cobran más y la mano de obra ya está cualificada.

Si todavía estas explicaciones no le han convencido sólo tiene que pensar en EEUU. ¿Le parece que un país como EEUU que tiene de las mejores universidades del Mundo y de las mejores empresas tecnológicas es un país poco competitivo? Es evidente que no. Su déficit comercial existe porque ciudadanos extranjeros quieren comprar activos americanos ya que parecen más solventes o más seguros, más atractivos. Comprar activos o comprar deuda. Son dos caras de la misma moneda que financian al consumidor americano que sigue utilizando recursos extranjeros comprando más de lo que producen. Pero por esto, EEUU no deja de ser un país competitivo.

¿Todo depende de la financiación exterior? No. Uno puede tener una cultura del ahorro que haga que consuma poco y, sin embargo, trabaje o invierta mucho (lo que sucede en los países en desarrollo como China). Seguramente este es un factor que explica también lo que sucede en Alemania, pero también explica lo que sucede en los paraísos fiscales como Luxemburgo, Hong Kong o

Suiza. Hay mucho ahorro porque entra capital de fuera y ese capital permite crear empresas exportadoras que además van buscando las ventajas fiscales. Es capital que entra pero como es para invertir fundamentalmente en acciones o deuda de empresas no se lo gastan los ciudadanos de esos países. Pensemos, por ejemplo, en las farmacéuticas Roche, Novartis o la compañía Nestle. O en empresas que han movido su sede Europea a Suiza, como es el caso de Procter and Gamble.

También si los ciudadanos del país ahorran mucho, como los chinos, e invierten mucho, al final consiguen exportar más que importar y con ello generan superávits comerciales. Lo contrario que le pasa a Brasil.

Irlanda, que tiene un régimen fiscal favorable muy ventajoso para las empresas exportaba un 105,3 % de su PIB en el 2014. Importaba un 84,5% del PIB. Tienen la sede, por ejemplo, de Google en Europa.

Singapur, como ya dijimos, exportaba un 187% e importa un 163,2%. Macao exporta un 99,1% e importa un 44,7%. EAU exporta como dijimos un 99% e importa un 86,1%. Suiza exporta un 72,1% e importa un 60%. Luxemburgo exporta un 203% e importa un 168,1%. Es decir, la conclusión es que si un país, como España, no quiere ser dependiente de la financiación exterior y tener una economía saneada que no tenga problemas en las próximas crisis, lo que debe hacer es crear una fiscalidad favorable para las empresas. Con esta fiscalidad favorable conseguirá que se asienten en el país más empresas exportadoras y que las que hay crezcan más. Lo que al final revertirá en un crecimiento de su balanza comercial y de sus ingresos fiscales. Es más fácil fiscalizar las exportaciones de productos que lo que vende un bar o un restaurante.

Pero no siempre tiene que haber un bajo gasto público sobre PIB para ser un país que exporta mucho. Dinamarca tiene un 53,7% de exportaciones sobre PIB e importa un 48,4%. Su gasto público sobre PIB se acerca al 58%.

Parece por tanto, que la ubicación geográfica, los acuerdos internacionales (como estar en la Unión Europea), el tamaño del país, la confianza exterior, el comportamiento de los consumidores nacionales y la fiscalidad son los determinantes fundamentales de la situación de la balanza comercial de los países. Pero además hay que añadir la moneda de ese país. Dinamarca, por ejemplo, ha mantenido la corona danesa como mecanismo para hacer devaluaciones internas que permitan exportar más en caso de crisis aunque su fluctuación está muy ligada a la evolución del Euro. Es decir, se guardan el cartucho en la recámara por si acaso.

Google, Apple, Dell, Procter and Gamble, Caterpillar y un largo etcétera de empresas que dejan patente que el problema americano no es de competitividad. Lo mismo sucede con España, aunque a otra escala. Por eso cuando los gurús de la programación económica se ponen a decirnos que tenemos que cambiar el modelo productivo, que tener más industria, más tal o cual cosa, tienen que dejar a los empresarios invertir en lo que les hace ganar dinero y dejar de programar la actividad económica en industrias que seguramente no serían competitivas. Dejar que el que invierta donde no debe se arruine y el que invierta donde debe gane dinero. El Estado solo debe intervenir para atemperar los ciclos, cuando hay posibles burbujas o para estimular sectores (por ejemplo el cine o el arte) o comportamientos deseables (la inversión en investigación y desarrollo o en formación de sus ciudadanos).

Pero en cuanto a la economía en general, será el propio mercado y los propios empresarios e inversores los que buscarán lo que es más rentables para ellos y no lo que diga un académico planificando el futuro de un país. La historia demuestra que los planes quinquenales funcionan mal. Como muy bien explicaron antes los teóricos de la Escuela Austriaca de Economía, especialmente Ludwig von Mises y Friedrich Hayek.

Es necesario que en España se invierta en mejorar la formación de los ciudadanos, se creen los incentivos que hagan que estos estudiantes luchen por buscar la excelencia y la mejora continua; y se cree el germen necesario para que surjan nuevas iniciativas empresariales innovadoras y de alto valor añadido.

Charles Cobb y Paul Douglas, profesores de la Universidad de Chicago, describieron una ecuación sacada de un análisis de regresión teóricamente propuesto por Knut Wicksell, de la que hablaremos posteriormente, que explicaba la producción en una economía en función del trabajo, el capital y un coeficiente llamado "productividad total de los factores productivos" (*total factors productivity* en inglés). Los economistas comunistas o de la programación económica, los que ahora hablan de nuevos modelos productivos, intentaron invertir en aquellos sectores y en aquellos factores productivos allí donde crecían que la producción aumentaría más. El tiempo demostró que en el largo plazo, la economía capitalista distribuye mejor los factores productivos para generar una mayor producción que allí donde los académicos deciden invertir.

En la URSS se hicieron experimentos de liberalización de mercados agrícolas que demostraron que el crecimiento era mucho mayor cuando la distribución de los recursos lo hace la economía privada que cuando lo hace un Estado. Fundamentalmente por los incentivos de los trabajadores a trabajar más gracias a la retribución capitalista. En China sucedió lo mismo, la zona de libre comercio de Guanzhoug establecida en 1984 lo ha demostrado, y los políticos chinos se han dado cuenta y han ido en esta línea de liberalizar su economía.

Sin embargo, en España seguimos hablando de nuevo modelo productivo. El Estado puede establecer incentivos para potenciar sectores o mejorar las condiciones de libre competencia liberalizando mercados (sobre todo los que provienen de monopolios de la dictadura), pero no puede cambiar, por mucho que quiera el modelo productivo. Cuando lo hace, la historia suele terminar mal.

Capítulo IV: ¿Es España un país poco productivo?

Es otro error frecuente el considerar a los españoles poco productivos y a la economía española como poco productiva. Nuestra Economía tiene un componente muy alto del sector servicios y del sector construcción.

En España los servicios financieros y los servicios turísticos, junto con el sector inmobiliario y el sector construcción de obra pública han sido los grandes motores de la Economía en los últimos años. Estos sectores son tradicionalmente intensivos en mano de obra y poco productivos. Cuando uno se dedica al turismo y tiene un hotel o un restaurante, necesita frecuentemente ocupar las habitaciones y las mesas. Para mantener el hotel necesita personal de limpieza, gente en la recepción…, para el restaurante se necesitan camareros. El producto que genera o los ingresos que genera cada habitación o cada mesa por personal del hotel o del restaurante es muy inferior al que puede generar un operario de una fábrica ya montada donde se produce un coche de gama alta o donde se produce un chip de tecnología avanzada.

En esencia, en los sectores donde la economía española es más puntera, existe una baja productividad por trabajador, porque la actividad que desarrollan no da para grandes incrementos de productividad.

Si uno, por ejemplo, construye una fábrica donde fabrica un coche de alta gama. El producto que genera la fábrica tiene un valor de venta en el mercado muy alto. Llegado a un punto de volumen de ventas, el producto total por trabajador es muy alto. La productividad de los trabajadores de la fábrica es muy alta. Se producen economías de escala, el coste de producción por unidad baja substancialmente y, por tanto, la productividad por trabajador de ese producto una vez vendido en el mercado mejora substancialmente. No sucede igual con un hotel o con una promoción inmobiliaria. La capacidad del hotel está muy limitada por su tamaño, no hablamos de un producto donde se puedan producir grandes economías de escala al amortizar los costes fijos. El hotel tiene para 100 habitaciones y aunque se llene no pueden ocuparse 150, no se puede producir más. Se puede subir el precio de la habitación para llegar al óptimo pero siempre se ganará menos que si puedes producir 100 coches más sin subir casi precios. Si subes de 100 a 150 el precio de una habitación, ingresarás cien por cincuenta más, es decir, cinco mil más. Si puedes producir al mismo precio 100 coches más, ganarás diez mil más. Es más fácil aumentar producción en una fábrica que habitaciones en un hotel.

A las promociones inmobiliarias le pasa lo mismo. Puedes hacer 100 casas, este es el límite y ya está, los límites urbanísticos no te permiten hacer 1.000 y con ello generar más economías de escala, además si quieres construir más necesitas más personal. Es decir, la productividad de cada trabajador está limitada. Como hay mucha limitación en la reclasificación del suelo la tendencia es que suban más los precios que la producción, y como la producción tiene un coste muy intensivo en mano de obra, casi todo es coste variable y genera pocas economías de escala.

Además, en una fábrica de alta tecnología, como pueden ser las fábricas de Alemania o Japón, donde la calidad de la ingeniería ha conseguido productos de alta calidad y donde existe una diferencia competitiva con otros productores, la productividad puede aumentar sustancialmente si se vende cada vez más, hasta llegar al límite de capacidad de la fábrica. Como hemos dicho, el límite de capacidad de la fábrica es mayor que el que tiene, por ejemplo, un hotel o un restaurante, mucho más limitados por el espacio.

Esto hace que la productividad del trabajador sea inferior en España a lo que puede ser en Alemania o Japón. A su vez esto genera que cuando hay un cambio de ciclo económico la productividad marginal del trabajo (lo que produce adicionalmente cada unidad añadida del factor trabajo) baje más en España que en Alemania o Japón, con la consiguiente mayor destrucción de empleo en España. También porque la flexibilidad del mercado de trabajo es inferior en España, y hasta hace poco los salarios no podían bajar incluso subían aunque a la vez se estuvieran despidiendo trabajadores.

Este fenómeno se puede ver también en Estados Unidos. Si uno mira el paro de California donde el sector inmobiliario tiene mayor importancia que en Massachusetts, verá que las cifras de paro son más altas en California porque su economía está más vinculada al ciclo y además la productividad de los trabajadores californianos en media es menor que la de sus homólogos de Massachusetts. En cualquier caso con niveles de paro muy inferiores a los Europeos.

Por esto, aunque los gobiernos españoles se empeñen en flexibilizar el mercado laboral, España seguirá teniendo más paro que Alemania en las futuras crisis. Salvo que la flexibilidad sea tan alta como para que se pague mucho menos que ahora por trabajador. Las cotizaciones a la seguridad social son excesivamente altas comparadas con los países de nuestro entorno.

Para sueldos más bajos tenemos cotizaciones más altas. Seguramente porque tenemos un sistema de seguridad social muy bueno, con una sanidad pública muy buena.

Cuanto más se flexibilice el mercado menos crecerá el paro en la próxima crisis pero también más diferencias de renta habrá entre ciudadanos. Para que en el próximo ciclo no se repita el alto paro que ya hubo en el año 1995 o en el 2012, no tiene que haber sólo un bajo coste del despido sino fundamentalmente tiene que haber un bajo coste de contratación (incluido aquí el bajo coste de despido) o una alta productividad. La alta productividad se consigue generando negocios de valor añadido donde exista ventaja competitiva sostenible y donde la actividad de por sí sea muy productiva. Es decir, España no debe ser sólo un país donde exista un alto componente del sector servicios (bares, restaurantes, hoteles) sino donde haya un alto nivel de producción industrial de buena calidad y servicios también de gran valor añadido.

Para llegar a ello, el gobierno español debe centrarse fundamentalmente en el largo plazo y en las políticas de oferta. Es decir, debe mejorar la educación, haciéndola más competitiva y accesible. Para que España tenga una economía con un bajo nivel de paro debe tener ingenieros de gran calidad que estén dispuestos a quedarse en España y que consigan financiación para sus nuevos proyectos.

Debe primar la formación cualificada, democratizarla y hacerla más accesible. No sólo a los mejores expedientes. Debe invertir en cualificación profesional. Durante mucho tiempo ser ingeniero en España fue un privilegio reservado para los mejores expedientes académicos, un grupo selecto y reducido. La liberalización de la enseñanza universitaria, iniciada por los gobiernos de Felipe González, ha incrementado el número de ingenieros y esto se notará en el largo plazo en la economía del país.

Pero no es necesario sólo que haya muchos ingenieros, sino que además la educación debe ser competitiva. Para ello un país debe atraer ingenieros del exterior y ello sólo se consigue con una mayor remuneración. Ésta es una consecuencia de la liberalización de la profesión y de la existencia de competencia real para acceder a puestos de profesor en las universidades. Para que esto suceda un universitario debe pagar gran parte de lo que vale su formación y no tener una formación de baja calidad porque no quiere pagar nada por ella. O el Estado debe invertir en esa educación introduciendo los mecanismos de competencia entre el profesorado y retribuyendo adecuadamente la misma. Si se introduce un sistema mixto esto influye en el nivel de la educación. Hablaremos de ello en un capítulo más adelante.

El hecho de que uno estudie en Estados Unidos en una universidad y haya un gran número de estudiantes y profesores extranjeros, explica que en su sistema educativo existe libre competencia y los mejores acceden a los mejores puestos, bien remunerados, y los alumnos quieren ir a sus clases porque saben que tendrán la mejor formación. Es lo que sucede con el futbol en España. Aquí juegan los mejores futbolistas del Mundo porque les pagan por ello adecuadamente. Hay libre competencia.

Este modelo también existe en España en las escuelas de negocios, el Instituto de Empresa, IESE o ESADE, atraen talento del exterior, profesores y alumnos que vienen de fuera porque la educación es competitiva. Sin embargo, no sucede lo mismo en cuanto a la formación en otros campos. No digo con ello que un ingeniero de ICAI o de la Universidad Politécnica sea malo, digo más bien que ese conocimiento debe abrirse a la libre competencia y además debe llegar a más gente. Es evidente, que estas universidades tienen gran prestigio a pesar de tener limitados sus recursos financieros.

Dicho todo esto, debemos también explicar que las estadísticas no reflejan lo que hemos visto la generación de la EGB. La gente que se ha incorporado al mercado laboral en las últimas décadas está en media más preparada que nunca. España ha mejorado muchísimo en los últimos veinte años, su economía, sus

84

infraestructuras, su sistema sanitario, educativo, su seguridad social... España es una historia de éxito en la democracia. Cualquiera que haya vivido los años 80, 90 y el nuevo siglo lo sabe. Los trabajadores hoy están mucho más cualificados que estaban al principio de la democracia. El país funciona mucho mejor pese a la crisis que hemos tenido y no se puede echar por la borda toda la gran labor desarrollada en estos años aunque en los últimos hayamos tenido una crisis económica importante fruto de la fiesta anterior y agravada por la entrada en el Euro.

La mejor forma de comprobar que esto ha sido así es comparar la evolución de la renta per cápita de España con la de EEUU desde principios del Siglo XX, este proceso de convergencia está muy bien explicado en el libro de Juan Velarde llamado "Cien años de Economía española"[11].

---

[11] Juan Velarde. "Cien años de economía española". Ediciones encuentro S.A. 2009.

Capítulo V: Otras consideraciones sobre la Economía española

LA ACUMULACIÓN DE CAPITAL

Se habla mucho de la falta de emprendimiento en España y se atribuye al carácter conservador, al miedo al fracaso, etc. Yo más bien pienso que el bajo emprendimiento ha estado ligado a dos factores, en primer lugar una baja cualificación. Este problema con el tiempo se ha ido corrigiendo. Y en segundo lugar, y para mí el más importante, una baja capitalización de la población.

Hay ricos aristócratas en España, hay ricos vinculados a sectores regulados, hay ricos políticos, pero no hay demasiados ricos en sectores no regulados porque los mercados están más intervenidos que en países como EEUU o Alemania. Esto también poco a poco se ha ido corrigiendo porque España ha crecido mucho en los últimos 30 años, pero no hay suficiente riqueza entre los particulares para generar mucho emprendimiento.

¿Por qué digo esto? Si una persona es multimillonaria, no le importará invertir y perder algún millón de euros en un proyecto de un joven emprendedor que parece que promete. Es el caso de Ross Perot en NeXT, un proyecto de Steve Jobs en el que invirtió 20 millones de dólares.

Pero si todo el dinero lo tiene el Estado o esas élites extractivas y no tienen incentivos para arriesgar, nadie podrá ser un *business angel*. El Estado suele dar subvenciones menos productivas en media y en el largo plazo que las inversiones que pueden hacer los inversores particulares. Los incentivos claramente son otros. No digo que siempre, un ejemplo de financiación pública muy provechosa fue el I+D+I del descubrimiento de América. Ahí el "Estado" acertó y descubrió América, el oro que se obtuvo después hizo rentable el negocio. Pero al final triunfó el modelo Inglés de I+D+I privado. Terminó al cabo del tiempo siendo más acertado que la asignación de recursos que hacían los Reyes. En el largo plazo las economías planificadas fracasan y las libres triunfan. Los incentivos son distintos. La historia lo repite una y otra vez.

Es evidente que al salir de esta crisis nos tenemos que plantear qué servicios queremos que el Estado nos dé. Si es necesario en todos los municipios un polideportivo municipal, si es necesario un centro cultural con clases de inglés, si es necesario un conservatorio de música en cada localidad o un teatro municipal público, o una empresa de la vivienda que haga vivienda libre en vez de protegida. Todos estos servicios hay que pagarlos y normalmente como están infrautilizados suelen costar mucho y generar pocos ingresos. Pero tienen un efecto dañino sobre la economía privada porque no sólo reasignan los recursos ineficientemente sino que además se comen el negocio de un estudiante de Educación Física o de un profesor de inglés que quiere montar su academia o de un profesor de música que quiere dar clases particulares. Distorsionan el precio real del mercado. Aunque si preguntas a un profesor de música si quiere que haya clases en el conservatorio, te dirá que sí, lo que él no sabe es que cobrará menos al montar su academia porque la gente puede ir al conservatorio pagando menos que si fuera a una academia privada.

Lo mismo le pasa a los médicos que se quejan en España de cobrar poco. Cobran poco porque hay una sanidad pública importante. Si no la hubiera el cliente pagaría por su servicio lo que cuesta y seguramente cobrarían más. El Estado hace de intermediario para intervenir su sueldo, a cambio le da seguridad.

Aquí no quiero decir que el Estado no debe proveer sanidad pública, en este aspecto sí que creo que tanto la Sanidad como la

Educación, entendiendo por ésta la que se estudia en el Colegio, el Bachillerato y la Universidad, deben seguir con el sistema actual: un sistema mixto - público y privado-. Aunque debemos ser conscientes de que es un sistema que cuesta mucho y es necesario racionalizarlo y controlar las desviaciones para corregirlas.

Si voy a tener un sistema caro que sea en Sanidad y en Educación, pero no para dar servicios que no son esenciales y que cada particular puede elegir consumirlos en el mercado privado, permitiendo a empresarios y trabajadores ganar dinero acorde a su cualificación.

A mi juicio una parte muy importante, como ya se hace, del gasto debe ir a Sanidad y Educación. También a Seguridad y Defensa.

Pero además, hay pocos ricos en España, no ya porque el Estado se mete en los negocios de los particulares, sino también porque los impuestos son excesivamente altos porque el número de administraciones públicas es excesivo. Que apueste por una solución de estímulo fiscal para esta crisis no quiere decir que no apueste por una reducción del gasto inútil.

En España hay 17 parlamentos autonómicos más dos más por Ceuta y Melilla. Se calcula que puede haber más de 70.000 políticos entre alcaldes y concejales, parlamentarios autonómicos, diputados provinciales, diputados y senadores nacionales, responsables de Cabildos, consejos insultares y consejeros del Valle de Arán.

El café para todos del Estado de las Autonomías ha generado que las más históricas pidan más competencias y; por otro lado, que el resto quieran más competencias, creándose estructuras de gestión nuevas que han multiplicado el gasto. Lo paradójico de este sistema es que se han creado las Autonomías con el gasto que ello conlleva pero no se ha reducido el gasto del Estado Central en consonancia con las competencias que ha ido perdiendo.

Soy firme partidario del Estado de las Autonomías, la existencia de ellas ha mejorado los servicios públicos y ha aumentado la responsabilidad de la administración regional con el votante. Además como explicaba Milton Friedman esta competencia entre regiones, igual que entre municipios, es muy positiva para que el ciudadano salga beneficiado y haya más libertad. Ahora los políticos deben corregir los excesos de un sistema creado a trompicones que ha crecido para ofrecer un buen servicio, pero donde no se ha tenido en cuenta el coste porque los ciudadanos no notaban en sus bolsillos lo que costaba mantenerlo, ya que se estaba financiando con más deuda pública y no con impuestos.

CRECIMIENTO VERSUS EQUIDAD

Los países que han tenido más crecimiento económico en el siglo XX son los países anglosajones más otros como Alemania y Japón, influenciados por EEUU después de que perdieran la Segunda Guerra Mundial, esto es fundamentalmente por la libertad económica en sus economías. La libertad económica produce los incentivos correctos para que las economías se desarrollen. El premio al trabajo bien hecho es ganar dinero. En economías socialistas o planificadas no hay los incentivos correctos, no prima el vender al cliente sino que prima el contacto con el funcionario, el enchufe. Un incentivo incorrecto que no genera riqueza, salvo para el corrupto.

Así uno puede comparar Estados Unidos o Corea del Sur con países comunistas como Cuba, Corea del Norte o Vietnam, y ve claramente cuál es la diferencia entre los dos modelos. La mejor forma de ver el éxito en cuanto al crecimiento de la economía capitalista es observar cómo ha crecido China en los últimos años según se ha ido liberalizando su economía. Ya en la antigua Unión Soviética se hicieron pruebas de agricultores donde se les daba la propiedad de la tierra y los rendimientos eran mucho mayores.

Con lo que queda bastante claro que para el crecimiento de un país lo mejor es una economía capitalista. Ahora bien, en una economía también es necesario un nivel de equidad que permita que todos salgan ganando. Cualquiera que haya viajado a Estados Unidos le sorprenderá las diferencias sociales que hay comparadas con Europa. Ello se traduce no sólo en un problema de equidad social sino también en un problema de falta de seguridad. Se ve más policía y que la seguridad es más necesaria para mantener la paz social.

¿Imaginas EEUU con un 27% de paro como en España? Frecuentemente se menciona que la familia en España es la que sustenta a los desempleados y permite mantener estos niveles de paro sin conflictividad social, pero la realidad yo creo que es más compleja e incluye también un sistema de mayor protección social que además no está tan mal gestionado como la gente se cree. Posiblemente por eso el fenómeno de los partidos de ultra izquierda sólo haya llegado al final de la crisis y después de aprobarse la reforma laboral, la eliminación de una paga extra a los funcionarios y la subida del IVA y del IBI que han perjudicado especialmente a las clases menos pudientes, las más afectadas por la crisis.

No tiene mucho sentido subir el IVA y el IBI indiscriminadamente cuando son impuestos que por su propia naturaleza afectan más a los que menos ingresos tienen. Hubiera sido más razonable subir el impuesto de la renta de las rentas más altas o subir algo el impuesto de patrimonio. Lo cierto es que al final se subió todo, pero el IVA y el IBI deberían haber sido las últimas opciones.

En cualquier caso, en España nos quejamos mucho de que pagamos muchos impuestos y de que recibimos pocos servicios, que se ha tirado el dinero en muchos proyectos sin sentido... y posiblemente, siendo todo cierto, lo es sólo en parte. Se han hecho muchas cosas en la Democracia, se ha modernizado el País, se ha creado riqueza; y aunque la crisis ha sido demasiado fuerte para obviarla, la fiesta anterior fue larga y mejoró mucho la calidad de vida de todos. Como muy bien explica José Carlos Díez en su libro: "Hay vida después de la crisis"[12], este modelo de mayor gasto público y mayores impuestos permite tener una calidad de vida y una seguridad superior a la que existe en muchos países hispanoamericanos donde hay grandes diferencias sociales y el Estado tiene dimensiones muy reducidas. Es más, esta estabilidad social, a mi juicio, ha contribuido al crecimiento de las economías a lo largo del Siglo XX después del gran fracaso colectivo que supusieron las dos guerras mundiales. Es decir, hay un punto donde la libertad económica es muy buena para generar riqueza pero cuando genera demasiada inestabilidad social la destruye. Y hay un punto donde el Estado de Bienestar puede ser muy positivo para

---

[12] José Carlos Díez. "Ha vida despúes de la Crisis". Plaza y Janes. Ed. Radom House Mondadori, S.A. Mayo, 2013.

generar riqueza. La clave está en generar el equilibrio justo entre crecimiento fomentado por la libre competencia y "justicia social" o equidad.

Sería necesario ahora aprovechar la incipiente recuperación para corregir los desequilibrios que genera una crisis de estas características entre los ciudadanos más desfavorecidos y aquellos que bien por su formación, por su prudencia o patrimonio (ahorrado o heredado) han conseguido capearla de mejor manera.

Es el momento de impulsar las políticas sociales que permitan reducir el paro en el corto plazo, tanto con políticas de estimulo fiscal como con políticas de liberalización de sectores. No creo que sea el momento de reducir el impuesto de la renta, más bien sería deseable reducir otros impuestos como las cotizaciones sociales o el IVA. Pero siempre sin hacerlo demasiado, porque no se trata de volver a generar una demanda interna explosiva que alimente otro periodo de sobreendeudamiento de los particulares. Estamos hoy, año 2015, en ese punto en el que la confianza de los consumidores empieza a recuperarse y puede ser más interesante una bajada de impuestos que un aumento del gasto. Aquí parece que me contradigo pero no es así, en el momento del pánico de la crisis la mejor medida es un aumento del gasto público porque aumenta la demanda interna directamente, cuando la situación se va tranquilizando una bajada de impuestos puede ser mejor porque es más justa o es más fácil hacerla más justa. En cualquier caso, con los niveles de paro actuales cualquier medida que fomente el empleo es positiva.

Ahora la deuda del sector público ha crecido demasiado y es necesario corregirla. Sería deseable que los impuestos cuando se bajen, lo hagan de forma moderada para no generar en el ciclo económico más volatilidad de la que suele tener. En este sentido estoy de acuerdo con Keynes en cuanto que hay que aprovechar el crecimiento para reducir el déficit y si es posible generar superávit que permita en la crisis poder intervenir en la economía con un estímulo fiscal.

Puesto que la entrada en el Euro nos impide financiar estos estímulos como sería deseable, entiendo que lo mejor es que nos planteemos un plan de ahorro serio como país que nos permita estimular la economía en los ciclos malos, una especie de reserva contra-cíclica que aunque no nos saque de la próxima crisis si la aminore. Los planes de ahorro colectivo se han utilizado en otros países, como por ejemplo en Singapur. No es algo novedoso. Sería crear algo parecido a las reservas contra-cíclicas que existen en la Banca.

FORMACIÓN, FORMACIÓN Y FORMACIÓN

En mi gasto personal dedico más del 50% de los ingresos a la educación de mis hijos. Esto puede parecer una locura pero no lo es. Mi experiencia es que una buena educación bien aprovechada genera unos retornos sobre la inversión más que aceptables. No sólo en términos económicos sino en términos de disfrute de la vida y de prestigio personal.

No estoy diciendo que en España se debería gastar el 50% del presupuesto en la Educación porque lógicamente la Salud, el seguro por desempleo, las pensiones, el ejército, la seguridad interior son importantes; pero sí doblaría el gasto actual para estar en unos niveles superiores a otros países. El gasto público en Dinamarca en educación era del 8,55% del PIB en 2012 y en España del 4,55%, como en Alemania (4,81%). Seguramente en Alemania la educación privada es más importante que en España. Debido a las diferencias sociales y a que todavía España es un país con muchas diferencias entre regiones, debería haber un mayor gasto público en educación, superior incluso al que hay en Dinamarca. Lógicamente con los controles y la calidad que hay en Dinamarca. Porque muchas veces no es cuánto cuesta si no si se invierte eficientemente.

En este sentido el sistema mixto donde hay una educación privada o concertada de calidad también es importante. Al final la ventaja fundamental de la educación privada es que fomenta la competencia y, por tanto, la mejora. Los colegios privados que no funcionan tienden a desaparecer con más facilidad que los públicos que siempre reciben los recursos. Es importante que haya escuelas y universidades privadas y que también haya becas públicas para poder estudiar en estas universidades. Que los mejores estudiantes, tengan los ingresos que tengan puedan ir a las universidades más prestigiosas sean públicas o privadas.

En cuanto a las instituciones públicas, hay que dotarlas de los recursos económicos necesarios para que puedan atraer el talento que hará que la educación sea de calidad. No puedes dar buena educación si no pagas buenos salarios a los profesores.

Y también, es necesario que en las instituciones públicas haya medidas que fomenten la excelencia y la competencia. No estamos diciendo que no se de una educación de calidad a los alumnos menos aventajados, todo lo contrario. Si no que se permita también a los mejores alumnos poder acudir a las instituciones públicas y privadas de mejor calidad. En España tenemos ejemplos de instituciones públicas y privadas de mucha calidad. Es más, todavía hoy las universidades públicas gozan de prestigio dentro del país.

En este mismo sentido, también sería necesario racionalizar el número de universidades públicas que hay en toda España. Ya que el número de éstas seguramente ha crecido más de lo necesario con el consiguiente coste para los presupuestos del Estado y la consiguiente pérdida de calidad para el conjunto del sistema.

INVESTIGACIÓN Y DESARROLLO

Como sucede con la educación, la investigación y el desarrollo son fundamentales para el crecimiento de la economía y el bienestar de sus ciudadanos. El gasto en investigación y desarrollo en España era del 1,3% sobre el PIB en 2012, vs. 2.92% en Alemania o el 2,79% en Estados Unidos.

Aquí el modelo mixto público-privado vuelve a ser necesario en España. Está claro que la I+D será seguramente mucho más eficiente en el sector privado que en el sector público y para ello debe haber mecanismos que incentiven la inversión en investigación y desarrollo. Pero si tenemos en cuenta que una parte importante de las universidades técnicas españolas son públicas está claro que el gasto público en investigación y desarrollo también debe ser importante.

Lo deseable son mecanismos de colaboración público-privada que fomenten la inversión productiva y no tirar el dinero en proyectos que no sirven para nada. Pero también es cierto, que como llaman los anglosajones la "*slack capacity*" es necesaria. El exceso de capacidad para que haya proyectos creativos. Creo que la inversión pública en innovación y desarrollo canalizada a través de las universidades públicas de más calidad es fundamental. Fomentando que haya proyectos privados que generen retornos por esta investigación y desarrollo.

Como sucedió con el impulso industrializador de principios del siglo XX, en la dictadura de Primo de Rivera, también es necesario hoy el fomento de la investigación que debe ser impulsada tanto por la iniciativa privada como por la iniciativa pública.

RESTRUCTUREMOS ESPAÑA

Tony Judt en su libro "Postguerra"[13] explica cómo las socialdemocracias del Sur de Europa se han preocupado más de crear unas estructuras públicas importantes que de proveer a los ciudadanos unos servicios y un gasto social adecuado.

Contrapone la socialdemocracia Escandinava con la del Sur y explica cómo en el Norte la economía privada genera ingresos suficientes para sufragar un gran gasto social, mientras que en los

---

[13] Tony Judt. "Postguerra. Una historia de Europa dede 1945". Ed. Taurus. Santillana Ediciones Generale, S.L. 2008

países del Sur no existen tantos recursos sociales porque parte de ese gasto se ha ido en crear un sector público importante.

Veía hace unos meses un capítulo de la serie "Free to choose" que hizo Milton Friedman para la televisión americana donde se explicaba que gran parte del gasto social para las familias norteamericanas se iba en el intermediario, es decir, en la estructura del Estado. Y así es, si cogemos el gasto social en España y lo dividimos entre el número de habitantes con menos recursos, pongamos el 25% de la población que menos ingresa, nos saldría una cantidad por persona muy elevada.

España necesita una reestructuración del país con una fuerte reducción de su Administración Pública. Supongamos que los aproximadamente más de 70.000 cargos públicos que hay en España generen cada uno en media un gasto en sueldo, viajes, coches oficiales... de aproximadamente 100.000 euros al año, que es ser bastante conservador; estaríamos hablando de un gasto de 7.000 millones de Euros al año sólo en cargos públicos. Más de lo que reciben todas las universidades públicas en un año.

Está claro que sobran parlamentos autonómicos, ayuntamientos, diputaciones provinciales... La cuantía de la reducción debería ser negociada entre los distintos partidos políticos. Un buen criterio sería que quede Administración suficiente para hacer una buena gestión de los recursos y que haya suficiente competencia entre las administraciones.

Destinemos estos recursos liberados a mejorar fundamentalmente la educación de las futuras generaciones y estaremos haciendo un gran negocio.

El nivel de gasto social que tiene España se ha demostrado muy positivo en una crisis tan importante como la que ha habido. Raghuram Rajam, del que ya hablé antes, mencionaba en su libro "Las grietas del sistema" que el problema que tenía EEUU era que al tener un nivel muy bajo de protección social, su sistema, no estaba diseñado para aguantar grandes crisis. Su sistema en una crisis prolongada en el tiempo necesitaba un gran estímulo fiscal y monetario porque no puede sostener niveles de paro elevados en el tiempo al carecer de protección social. Sin embargo, mencionaba que es un sistema muy bueno para crisis breves donde al haber una baja protección las personas que se van al paro tienen un gran incentivo para buscar pronto un nuevo trabajo en sectores productivos que sí han aguantado la crisis, la destrucción creativa se potencia y hace que la Economía sea más competitiva.

Frente a este sistema hablaba del europeo donde el sistema de protección social es excesivo y pernicioso para la destrucción creativa en las crisis breves, ya que hay incentivos para no buscar trabajo y quedarse en el paro o para que las empresas no despidan tanto por el coste de hacerlo. Sin embargo, el sistema Europeo, era mejor para las crisis prolongadas porque permitía tener un nivel más elevado de paro sin una crisis social importante. Esto hacía que la política monetaria y fiscal no tuviera que ser tan expansiva, así la salida de la crisis no sería estimulando la demanda interna y generando déficit comercial. Justo lo contrario que le pasa a EEUU.

Así está siendo, la forma que ha tenido Europa de solucionar su crisis está siendo demasiado traumática para los desempleados de países como Grecia, Italia o España, pero Europa saldrá de la crisis con una economía mucho más solida y segura que en el pasado. Sin tanta dependencia de la inversión exterior, como le habrá sucedido a EEUU.

¿Pero es este gasto social sostenible? Es evidente que para crisis excepcionales hay que tomar medidas excepcionales. Hubiera sido deseable un plan especial de ayuda a los morosos hipotecarios que no hemos tenido, y ello es así, porque no podemos decir que objetivamente los que no han podido pagar la hipoteca al final de la crisis eran los que se habían equivocado y, por ello, deben pagar sus consecuencias. Sino que esta crisis ha sido de tal dimensión, seguramente porque el auge anterior fue muy grande y prolongado en el tiempo, que debían haberse tomado medidas excepcionales.

Dicho lo cual, también hay que plantearse que este nivel de protección que gozamos en Europa, no debe darse en todo caso, y hay que ver cómo se puede ajustar el sistema para que no incentive el desempleo y el no trabajar. La verdad está en el justo medio, como diría Aristóteles.

¿CAPITALISMO DE AMIGUETES?

Luis Garicano, habla en su libro "el Dilema de España" sobre el Capitalismo de amiguetes y lo menciona como una de las grandes lacras de la economía española. Seguramente, él conoce estos temas mejor que yo. Pero lo cierto es que si miramos nuestro día a día veremos un montón de empresas: bares, restaurantes, kiostkos, tiendas de ropa, tiendas de alimentación, de servicios, etc. La gran mayoría son empresas que compiten en el libre mercado. Decir que en España hay un capitalismo de amiguetes es, a mi juicio, una gran exageración.

Es evidente que una parte importante de las empresas grandes proceden de sectores regulados o que anteriormente pertenecían al sector público, pero lo que ha pasado en España desde la transición es precisamente lo contrario al capitalismo de amiguetes. Han crecido empresas en sectores que no eran tan regulados: Inditex, Mango, Mercadona o Grifols están en sectores donde no podemos hablar de capitalismo de amiguetes. Y como éstas grandes hay miles de empresas pequeñas.

Hablar de capitalismo de amiguetes es confundir una parte con el todo. Esto no es lo que sucede en España. Que haya habido amiguismo y corrupción en muchos sectores especialmente vinculados al sector público y a la regulación, no puede llevarnos a pensar que España es un país donde sólo ganan dinero los políticos o los que están a su alrededor. Esto es falso.

Sólo cualquiera de nosotros puede pensar en algún amigo o conocido que trabaje en una empresa española o extranjera en un buen puesto para darse cuenta de que aquí también funciona el mérito y la capacidad. Igual no es como en EEUU, seguramente no podemos hablar del mismo nivel de libertad económica pero sí estamos en una economía capitalista donde trabajar bien tiene su recompensa. No olvidemos, por ejemplo, que en Estados Unidos es frecuente que miembros de una misma familia sean presidentes del país, lo que no parece que sea un sistema muy meritocrático. Pero lo cierto, es que el sistema de elección es democrático y parece que da igualdad de oportunidades al que tenga recursos para financiar la campaña electoral.

TOO BIG TO FAIL

Llegamos aquí al sistema financiero y sus dilemas. En primer lugar, hay que dejar claro que las Cajas de Ahorro eran entidades financieras públicas. Se ha hablado mucho de la banca durante la crisis, a veces, con mucha demagogia. Lo primero que hay que decir, como muy bien dijo Emilio Botín, es que las Cajas de Ahorro eran públicas y que los bancos privados capearon la crisis mucho mejor que las Cajas. La Caixa, que fue de las Cajas que mejor gestionaron la crisis tenía una gestión profesionalizada y competitiva que podría considerarse como una gestión privada.

El patrimonio que han perdido indirectamente los españoles por la quiebra de sus cajas debe ser de un valor enorme. Nadie ha hablado de este tema, pero la pérdida de riqueza en este sentido no ha debido tener parangón con ninguna otra crisis anterior.

¿Por qué sucedió esto? ¿Por qué las empresas privadas fueron mejor gestionadas? La respuesta es muy sencilla, porque el dinero en las empresas públicas no es de nadie. Algunos directivos de estas empresas presuntamente las utilizaron para su provecho personal al no estar controlados por accionistas. Afortunadamente las empresas privadas sí tuvieron este control por parte de algunos de sus accionistas-propietarios, la gestión fue más prudente y no en interés de los dirigentes de la entidad.

Esto pasa igualmente con los entes públicos en general, el dinero no es de nadie y no hay incentivos para el ahorro. Por eso la gestión público-privada es un mecanismo muy bueno para que los gobiernos den los servicios necesarios a sus ciudadanos. Un ejemplo son los colegios concertados. Suelen dar mejor educación y ser más baratos que los propios colegios públicos. La Administración Obama, se dio cuenta de ello, y fomentó los colegios concertados religiosos porque dan mejor rendimiento escolar y son más baratos para el Estado.

Esto se puede aplicar también a las entidades financieras, de hecho hoy, las Cajas de Ahorros tienen en algunos casos un sistema mixto parecido a este.

Volviendo al *"Too big to fail"*. En EEUU se ha dado un debate sobre el riesgo sistémico que tienen determinadas entidades financieras, que pueden hacer fallar a todo el sistema financiero del país. Se ha hablado de reducir el tamaño de los bancos, de dividirlos. En el año 2010, la administración Obama aprobó la *Dodd-Frank Wall Street Reform and Consumer Protection Act,* con el fin de limitar el tamaño de los bancos que podían ser sistémicos.

En España no he escuchado debates serios sobre este tema y además no parece que esté en la agenda para hacer más liviana la próxima crisis. El hecho es que con la desaparición de muchas entidades financieras, lo que se ha producido es el efecto contrario, ha habido una concentración del sector financiero muy negativa para la economía del país. Negativa porque elimina competidores y, por tanto, resta poder al consumidor. Pero especialmente negativa también porque crea bancos de tamaño muy superior a la economía española con un gran riesgo sistémico.

Aquí debemos acordarnos de Irlanda y lo que pasó con su banca o de Islandia. Al final deberíamos plantearnos si no sería conveniente reducir el tamaño de nuestras entidades financieras obligando por ley a que se partieran en tamaños más pequeños.

Tal vez, esta normativa debería ser a nivel Europeo porque no tendría sentido reducir los bancos españoles para que otros de tamaño más grande fueran más competitivos que los nuestros. Pero sí creo que es un debate que hay que tener y que sería interesante reducir el tamaño de los bancos.

El *Too big to fail*, crea la perversión de que una entidad con gran tamaño asuma más riesgos de los que debe sólo porque sabe que no puede caer, un riesgo moral o *moral hazard*.

LA VIVIENDA PROTEGIDA Y LA INTERVENCIÓN PÚBLICA MAL ENTENDIDA

Fue el PP de Alberto Ruiz Gallardón quién en el año 2001 aprobó la ley del suelo de la Comunidad de Madrid. Mucho se ha hablado de la Ley de Aznar que francamente tuvo pocas implicaciones sobre el suelo porque la mayoría de la regulación sobre este tema es competencia de las Comunidades Autónomas. Poco se ha hablado de las Leyes del Suelo de las Comunidades Autónomas, como la de Gallardón.

En esta Ley se aprobó que más o menos el 45% de las viviendas que se aprobaran en un nuevo sector, un nuevo PAU como se decía antes, serían protegidas, es decir, con requisitos o límites para su acceso y con límites en cuanto a su precio. Era considerar que casi la mitad de los madrileños debían tener una vivienda protegida, que lógicamente costeaban los otros madrileños que no la tenían.

Es obvio que no había esta necesidad de viviendas protegidas. La limitación del precio de venta de los pisos también era para los terrenos. La administración vendía terrenos por debajo del valor de mercado para que se vendieran pisos por debajo del valor de mercado. O bien el valor de los terrenos privados en desarrollo bajaba porque el 45% estaba limitado en su precio.

La pérdida de recursos para la Administración Pública y para todos de esta medida ha sido enorme. No sólo por la venta de terrenos de las Administraciones por debajo de precio de mercado (que además seguramente ha fomentado la corrupción. Ya que esos pisos se pueden vender sin riesgo si están en zonas céntricas de

Madrid, a un precio muy por debajo del de mercado, así que el que compra o le adjudican el terreno tiene un negocio casi seguro); sino también, porque los ingresos por IVA, AJD, plusvalía municipal... bajan sustancialmente al limitar el precio de venta.

Uno se encontraba que el criterio para comprar una casa en determinados barrios de Madrid era más el amiguismo, el enchufismo, el conocer a tal o cual director de empresa o de cooperativa, que el precio. Y cuando el precio deja de ser el mecanismo de asignación de los recursos en los mercados, la corrupción suele ser su sustituto. Ello crea incentivos perversos para la asignación de los factores productivos y al final hace que esa economía termine mal.

Pero el verdadero daño está en la pérdida de recursos y, por tanto, de riqueza por los ingresos de impuestos que se han perdido con la venta de estas viviendas protegidas a clientes normales que podrían haber comprado otro tipo de viviendas.

No digo que no sean necesarias las viviendas protegidas, simplemente digo que no hacen falta para el 45% de la población y que a mi juicio puesto que van a generar una pérdida en términos de coste de oportunidad para la Administración Pública, deberían ser las Administraciones públicas las que hicieran las viviendas protegidas. Digamos que, por ejemplo, el 10% de las viviendas deberían ser protegidas y las debería hacer la Administración directamente, sin intervención del sector privado, mediante empresas públicas creadas al efecto que no dieran beneficios. El 90% restante deberían ser a precio libre de mercado. Sería mucho más justo y generaría recursos para que luego no tuvieran que reducir gasto social o quitar pagas extras a los funcionarios.

Si este 10% debía ser en propiedad o en alquiler, es otro tema. Seguramente lo más justo sería en alquiler. Un alquiler con un muy bajo nivel de rentas, para que ese 10% con menor nivel de renta pudiera mejorar su situación en el futuro. Incluso se podría crear un fondo para situaciones especiales que sufragara la renta en determinados casos y no tuvieran que pagarla. Como podría ser en el caso de desempleo, enfermedad grave, etc.

Igual la mejor solución es un mercado libre donde los que tienen menos ingresos reciban ayudas para la compra de las viviendas.

EL LIDERAZGO ADECUADO

Aprovecho la ocasión para hablar de la importancia del liderazgo adecuado. Por mi experiencia profesional he visto que se ensalza el liderazgo como una virtud que nos lleva siempre a buen puerto, pero la historia está llena de liderazgos que llevan al fracaso: Hitler, Mao, Stalin… son innumerables los casos donde se ve que el liderazgo puede hacer fracasar una nación.

Seguir al líder adecuado es fundamental, no basta con que haya un líder que concentre todo el malestar popular para estar salvados. Más bien al contrario. Situaciones de crisis requieren reflexión y paciencia. Cuidado con los vendedores de humo que caen simpáticos. Hay que ser reflexivo y saber elegir el líder que uno quiere para su país y el camino que uno quiere para el mismo.

Veo frecuentemente como se ensalzan los líderes equivocados, por ejemplo en el caso de Gowex. Un líder debe ser reflexivo, debe tener templanza, debe ser prudente, debe tener conocimiento y experiencia. Esto no es tan frecuente. A veces para lanzarse a descubrir América es mejor no saber nada porque si lo sabes no te lanzas, pero hay que ser conscientes de que una cosa es un negocio de alto riesgo y otra cosa es un país, el porvenir de sus ciudadanos, de sus hijos y sus nietos en el futuro.

UNA ESPAÑA CON FUERTES FUNDAMENTALES

Es frecuente escuchar a mucha gente que dice que España vivía por encima de sus posibilidades durante el Boom inmobiliario, y posiblemente en parte tengan razón. La llegada de capital masivo del extranjero hizo que el precio de los activos inmobiliarios se inflara. Pero no menos cierto es que el crecimiento que ha tenido el país desde los años sesenta y especialmente desde los años ochenta es debido a fundamentales muy sólidos.

Pertenezco a una generación, la de los años 70, que cuando nos incorporamos al mercado laboral todavía podíamos ver trabajadores de mayor edad con poca cualificación a nivel informático, muy bajo o casi inexistente nivel de inglés... Nuestra generación, la de la EGB, fue el primer gran cambio de la economía española. Una fuerza laboral más cualificada que con el paso de los años lo estaría cada vez más.

La generalización de la educación, las nuevas tecnologías que hacían el mundo más global, como las antenas parabólicas donde se podía ver la MTV, o los ordenadores desde el primer Spectrum hasta el Amstrad o finalmente los PCs clónicos, el email, internet... La globalización de las comunicaciones y ya antes el impulso modernizador de la democracia han contribuido a que los ciudadanos españoles en media estén mucho más preparados que en épocas anteriores.

Aunque las estadísticas sobre productividad no reflejen este gran cambio, éste se ha dado y las empresas españolas tienen más trabajadores cualificados que antes. Todavía queda mucho por hacer pero poco a poco el número de trabajadores cualificados ha ido en aumento y eso se ha notado mucho en el crecimiento de la economía española desde la democracia.

Programas como Erasmus o la salida de universitarios españoles a Londres o a otras ciudades europeas en puestos intermedios que requieren mayor cualificación, han contribuido a una mayor experiencia internacional y a una forma de ver el mundo mucho más abierta.

La llegada de las universidades privadas con el Gobierno de Felipe González, ha contribuido a extender el conocimiento técnico más allá de las exclusivas universidades públicas donde el número de plazas era muy limitado. Estudiar, por ejemplo, ingeniería era sólo posible para los mejores expedientes; afortunadamente la llegada de las universidades privadas ha permitido extender el número de personas que estudian este tipo de carreras que son fundamentales para el desarrollo de la tecnología y de los negocios de valor añadido que garantizan el futuro de un país.

¿SON SOSTENIBLES LAS PENSIONES?

La respuesta es que en el largo plazo sí. Pese a lo que se suele creer, el nivel de crecimiento tecnológico de una economía capitalista donde impera la libre competencia es tan elevado que el futuro de las pensiones no peligra.

Existe esa creencia popular de que la población está envejeciendo y no será posible pagar las pensiones en el futuro, pero no es cierta. Sólo hay que echar un vistazo a la historia para darse cuenta que la evolución del crecimiento tecnológico es tan importante que genera riqueza suficiente para pagar las pensiones sin problemas.

El mundo es hoy más rico que hace un siglo y, salvo guerra o catástrofe, será mucho más rico en el futuro. La tecnología avanza tan rápido que generará rendimientos suficientes para pagar las pensiones de un país envejecido. Además, la gente mayor será mucho más productiva de lo que es hoy y no necesitará vivir sólo de su pensión sino que podrá generar rendimientos que creen valor para el conjunto de la sociedad. Y si esto no fuera suficiente, la inmigración compensará el envejecimiento.

¿GENERA LA TECNOLOGÍA DESEMPLEO?

La respuesta es clara, no. Sólo hace falta ver qué países tienen menos desempleo (Japón, Alemania, EEUU) vs los que más desempleo tienen (España o Grecia), para darse cuenta de que la tecnología no genera desempleo. Más bien todo lo contrario. Esta idea ya fue explicada por Yale Brozen, profesor de *Business Economics* en la Universidad de Chicago entre 1957 y 1987.

Cuando una economía tiene un alto componente tecnológico, el rendimiento por cada trabajador aumenta sustancialmente, eso hace que la empresa gane más dinero y, por tanto, crezca, reinvierta en nuevos negocios y a su vez genere empleo. Una empresa que pierde dinero es una empresa que no contrata personal, una empresa que gana mucho dinero es una empresa que genera mucho empleo.

Igual pasa con un país, cuando es un país con un alto nivel de formación, con negocios de alto valor añadido que exportan y reciben muchos retornos por sus inversiones, a su vez reinvierten en nuevos negocios y generan más empleo. Cuando los negocios no son rentables, muy cíclicos o de escaso valor añadido, o tienen muchos impuestos, se crea poco empleo, el que se crea es de baja calidad y en los cambios de ciclo se genera mucho desempleo. Que es lo que ha pasado en España durante la crisis.

Por eso es muy importante cambiar la mentalidad antigua de que la tecnología genera desempleo. La mecanización de las fábricas genera beneficios y genera más empleo en el futuro y de más calidad, aunque el operario de esa fábrica pierda su empleo en un primer momento.

Como muy bien explica Luis Garicano en su libro antes mencionado y como ya estudió el premio nobel de economía Gary Becker, el Capital humano es fundamental. La economía del conocimiento es el futuro de un país. La productividad de los factores productivos que generan la producción de una nación depende de la eficiencia de su mano de obra, del conocimiento de sus cargos directivos. Buenos directivos hacen una buena empresa y buenas empresas hacen un gran país.

Cobb y Douglas, un economista y un matemático de la Universidad de Chicago de los que hablé antes, hicieron un estudio sobre la producción de un país y de qué factores dependían. En su análisis de regresión comprobaron que la producción dependía del Capital (no entendido como dinero sino entendido como maquinaria, fábricas…) y de la mano de obra.

En este análisis de regresión sacaron un coeficiente "A" que llamaron "productividad total de los factores productivos". Cuando había un cambio, un shock como llaman los economistas, en A, que incrementaba su valor, se producía un incremento de la producción y a la vez un incremento de los salarios reales de los trabajadores.

Exactamente lo que hace la tecnología o una mano de obra cualificada de directivos: incrementan la producción e incrementan los salarios reales de los trabajadores. Es decir, cuanto más tecnología y más cualificado está el personal, más se produce y más se gana. Esto no se lo inventaron Cobb y Douglas sino que se veía al analizar datos objetivos y ponerlos en un modelo estadístico para ver su correlación lineal. Una regresión lineal.

Se ve en Japón o Alemania, más tecnología equivale a más salarios, más producción y menos desempleo.

LA DISTRIBUCIÓN DE LA TARTA: EMPRESARIO Y OBREROS

Cobb y Douglas, también vieron que el porcentaje de la producción o en su otro sentido de la renta de un país, que se quedan los trabajadores y que se queda el capital, suele ser el mismo mirándolo en los distintos países. Da igual que hablemos de un país comunista o de un país capitalista. Lo que se lleva el capital y lo que se llevan los trabajadores es siempre un porcentaje parecido.

¿Entonces dónde está la diferencia entre un país comunista y uno capitalista? Fundamentalmente la diferencia está en el tamaño de la tarta. Y esto es lógico porque cualquier inversor exige una rentabilidad. Un país comunista donde el Estado reasigna los recursos según su criterio o limita los precios, en el largo plazo suele tener un crecimiento de la producción inferior que cuando la asignación de recursos la hacen los individuos libremente.

Recordemos el caso español de las Cajas de Ahorro públicas y de los Bancos privados. Está claro que los criterios de asignación de recursos son distintos en un caso y en otro.

Basta ver el caso de China para darse cuenta de que una economía cuando permite reasignar sus recursos más libremente crece más y genera más riqueza. El fuerte crecimiento de la economía de éste país se debe a tantos años de Comunismo que distribuyeron ineficientemente los recursos productivos. Una vez China cambió y comenzó a liberalizar su economía la producción empezó a aumentar y el país empezó a crecer hasta convertirse en lo que es hoy.

La libertad económica es fundamental para que un país crezca. Todo lo que sea limitarla supone más pobreza para sus ciudadanos. Sólo hay que ver Corea del Norte, Venezuela o Cuba para darse cuenta de que el Estado no asigna acertadamente los factores productivos y no genera la riqueza que genera una economía capitalista liberalizada.

No hay que confundir aquí gasto público como porcentaje del PIB con economía liberalizada o intervenida. Venezuela puede tener un gasto público como porcentaje del PIB inferior a España y, sin embargo, tener una economía intervenida o planificada en comparación con España.

Es decir, cuando decimos que Dinamarca tiene un 57% de gasto público sobre PIB no estamos hablando de que es una economía planificada, sin embargo, Venezuela que tiene aprox. un

30% de gasto público sobre PIB si lo es. Los factores productivos se asignan mediante la planificación estatal y no libremente en el mercado. Un Estado puede gastar mucho pero sin embargo a la hora de gastar hacerlo en el libre mercado. Como ejemplo, podríamos poner cualquier licitación pública que se haga en las condiciones de libre concurrencia y honorabilidad adecuada. Un Estado puede gastar en sanidad y, por ejemplo, subcontratar la gestión entre los distintos operadores que compitan por dar ese servicio.

Como muy bien explica Pedro Schwartz en su libro "La economía explicada a Zapatero y sus ministros en dos tardes"[14] No es lo mismo liberalizar que privatizar. De hecho muchas veces los Estados privatizan para financiarse pero no liberalizan con el consiguiente perjuicio para los consumidores. Simplemente hacen caja con la venta de activos públicos.

En la liberalización se permite que haya libre competencia y que los operadores oferten precios distintos. De tal forma que la asignación del servicio se debería hacer según el binomio calidad-precio.

Si el siglo XX fue el siglo del triunfo del socialismo de los trabajadores, el siglo XXI será el del triunfo del socialismo de los

---

[14] Pedro Schwartz. "La economía explicada a Zapatero y a sus ministros en dos tardes". Ed. S.L.U. Espasa Libros, 2011

consumidores. Los países como EEUU donde la libre competencia permite que los consumidores gocen de productos y servicios a bajo precio son la referencia del resto del Mundo. Lo importante ya no es sólo tener buenos salarios, sino tener precios bajos.

EL PROBLEMA DEL ALTO COSTE DE LA ENERGÍA

El alto coste de la energía afecta a la productividad del trabajo, y por tanto, provoca menos producción y menos salarios para retribuir la mano de obra que produce. Una economía como la española que tiene una dependencia energética importante y que además tiene un alto coste de la energía produce menos y tiene trabajadores con menores sueldos.

Esto es importante saberlo, es decir, si se produjera energía más barata, como puede ser la energía nuclear, los salarios de los españoles serían más altos. Al renunciar a la energía nuclear estamos renunciando a ganar más y a producir más.

Aquí no estoy haciendo un juicio de valor sino simplemente describir lo que pasa. Cuando se subvencionan las energías renovables se aumenta el coste total de la energía y, por tanto, se reduce la producción total de la economía y los salarios de sus trabajadores.

Dicho lo cual, ahora le toca a ese país tomar la decisión de si prefiere tener salarios más bajos y reducir el riesgo de un desastre nuclear o si prefiere tener salarios más bajos para tener energías menos contaminantes que no contribuyan al cambio climático.

El mix de una y otra debe ser algo estratégico que debería decidir el país mediante un consenso lo más amplio posible para luego no estar dando bandazos. En esa decisión se tienen que tener en cuenta los riesgos, las sostenibilidad de esa energía, el coste y su impacto sobre la producción total, sobre lo que van a ganar los trabajadores o en su caso sobre el número de trabajadores que habrá. Es decir, cuanto más barata y buena es la energía más dinero se gana y se crea más empleo, por tanto, hay menos paro.

En la tecnología a veces no compensa ser pionero, y así ha sucedido con la instalación de paneles de energía solar en España. Los hemos subvencionado para aumentar el porcentaje de nuestro mix de energía renovables y con ello hemos incrementado el coste de nuestra energía, hemos instalado paneles menos eficientes que los que se han producido después y hemos terminado exportando los ingenieros que aprendieron de este impulso de las renovables a otros países compartiendo nuestro conocimiento. En este sentido hemos sido pioneros y hemos exportado conocimiento, pero seguramente el coste total para una economía como la española con alto paro y bajos salarios ha sido excesivo. A todos nos gustaría poder tener una chalet en la mejor zona de nuestra ciudad pero la pregunta es si nos lo podemos permitir o no. La apuesta del gobierno español de Zapatero por las energías renovables siendo positiva debería haber sido menos ambiciosa. El coste final es menos salarios en el largo plazo y cuando no se pueden reducir estos, más desempleo.

El siguiente gobierno heredó un problema con un alto coste para el país. La solución que dio no parece tampoco la deseable para un gobierno serio.

Lo ideal habría sido una apuesta más moderada y estratégica por las energías renovables. Consensuada entre los dos partidos políticos mayoritarios. La energía nuclear teniendo en cuenta el problema del terrorismo internacional no parece la mejor de las soluciones. Habrá que buscar cómo reducir el coste de la energía. Tal vez esta apuesta por las energías renovables desarrolle en el futuro una industria que permitirá reducir la dependencia energética exterior de España. Es evidente que España debería destinar un presupuesto importante al I+D+I relacionado con energías renovables, especialmente la solar, ya que es un país con muchos días al año despejados.

SALARIO MÍNIMO Y SU IMPACTO SOBRE EL EMPLEO

Es conocido por los economistas que establecer un salario mínimo influye sobre el nivel de desempleo. Cuando una economía como la española, tiene una baja productividad por estar muy vinculada a los servicios de bajo valor añadido, como puede ser el turismo de sol y playa barato; un salario mínimo demasiado elevado genera desempleo.

Lo mismo sucede en las crisis económicas, el sector inmobiliario es muy cíclico porque comprarse una casa es una inversión que requiere de seguridad en el empleo para poder hacer frente a los pagos de la hipoteca. Cuando la confianza cae, los inversores en vivienda dejan de comprarla. Entonces los obreros de la construcción no pueden producir más porque suele sobrar stock al final del ciclo. Estos obreros se van al paro y, aquí surge un nuevo problema, su baja cualificación hace que no puedan encontrar un trabajo; que exista un salario mínimo para contratar un trabajador hace que encontrar trabajo les sea aún más difícil. Esto es así porque no producen suficiente como para ser rentables para las empresas que los quieren contratar. Lo que sucede es que cuando a estos trabajadores se les acaba el paro, empiezan a hacer chapuzas en el mercado negro o se recolocan en otros sectores, por ejemplo empleado en un bar, a veces cobrando en negro porque no es rentable contratarlos pagando su salario mínimo más los impuestos.

Así hace que economías como la española, tengan un alto grado de fraude fiscal. Ello es porque su economía ha crecido con demanda interna en sectores poco productivos, como puede ser el ejemplo de nuestro bar.

Frente a esto una economía como la Alemana, más industrial, que casi exporta más del 40% de su PIB, es una economía mucho más fácilmente fiscalizable. Las exportaciones se controlan más fácilmente, tienen que pasar aduanas, más controles. Normalmente, las empresas exportadoras son competitivas exteriormente y por eso exportan, y ello es debido a que generan un mayor valor añadido. Tienden a contratar mano de obra más cualificada y la regulación del salario mínimo les afecta menos.

Es decir, además de que podemos pensar que los griegos o los españoles son más proclives al fraude fiscal, la realidad es que si se dedicaran a exportar tendrían que declarar lo que exportan y habría mucho menos fraude, que es lo que está sucediendo ya. Además como ganarían más dinero pagarían salarios más altos y habría menos trabajadores cobrando en negro.

Seguramente la ética protestante también tenga algo que ver en esa tendencia de los alemanes a defraudar menos, pero no creo que sea la única causa. Yo creo que esta ética influye más en su frugalidad y en sus patrones de consumo que hacen que tiendan a ser ahorradores y a no consumir más de lo que producen.

En cualquier caso, a mi juicio, sí es necesario un cierto salario mínimo porque sirve como un suelo para la contratación empresarial. De tal forma que los que están cerca de esa cifra por debajo tienden a ganar más al cobrar el salario mínimo. Lógicamente los que están muy por debajo cobrarán en dinero negro o no trabajarán. Por eso es importante fijar un salario mínimo que no sea demasiado elevado.

LA IMPORTANCIA DE GENERAR CONFIANZA EN LOS INVERSORES INTERNACIONALES

La entrada en la moneda única europea hizo que los países que estaban en ella no podrían devaluar su moneda para mejorar sus términos de comercio y solucionar sus problemas de déficit exterior. Así los países más pequeños y periféricos: Grecia, Chipre, Portugal, Irlanda, España…, algunos de ellos con balanzas comerciales muy negativas, como el caso de Grecia, se encontraron sin otro mecanismo que la devaluación de los salarios reales para poder exportar y corregir sus desequilibrios.

Cuando países como España tenían una legislación laboral muy restrictiva, esta devaluación se daba echando a los trabajadores a la calle. Las empresas reducían costes despidiendo. Los salarios bajaban porque había menos gente trabajando. En la crisis, cuando la legislación laboral era más inflexible, los salarios subían según IPC, lo que incrementaba los costes laborales agravando las pérdidas empresariales y provocando más desempleo. Cuando el gobierno de Rajoy flexibilizó el mercado laboral, los salarios reales empezaron a caer y poco a poco ese desequilibrio fue arreglándose. Lo que hizo que para 2015 la economía ya se espere que crezca un 3%. No sólo por la bajada de los salarios, al bajar el precio de la tierra y de los inmuebles, los inversores extranjeros invierten en el país y también le dan financiación. La crisis encuentra un suelo gracias a que se vende fuera y a que compran los extranjeros o invierten los extranjeros en el país. Para ello es necesaria una corrección de los precios de los factores productivos del país pero también es necesario que haya confianza. Lo que no ha sucedido en Grecia.

EL SISTEMA ECONÓMICO PÚBLICO-PRIVADO

La economía americana es una de las más competitivas, eficiente, muy liberalizada y que asigna los recursos por calidad y precio. Es una economía muy privatizada. Pero cuando uno viaja allí, le sorprende encontrarse con gente tirada en la calle que no tiene donde dormir o zonas muy peligrosas con una alta criminalidad que se mantienen estables gracias al control policial. Esto no sucede en Europa. O si sucede, es en menor medida.

Está claro que las políticas socialdemócratas y democristianas de Europa han generado unos derechos a sus ciudadanos y unas prestaciones. Un estado de bienestar que hay que mantener y que para determinados países puede ser insostenible en el corto y medio plazo. El modelo europeo para mí es ganador y Latinoamérica sería un lugar mucho mejor si se hubiera conseguido ir implantando el mismo y no hubiera sido el modelo de EEUU el que se ha utilizado como referencia. En esto coincido con José Carlos Díez, como ya dije antes.

En España tenemos Sanidad pública y privada de calidad. La privada no es tan eficiente y tan buena como la de EEUU, precisamente porque no se asignan los factores productivos por precio. Es decir, uno no paga lo que "cuesta" al 100% la Sanidad privada porque tiene que competir con la pública y si fuera excesivamente cara no compensaría ir a la privada o compensaría irse a EEUU. Este sistema mixto tanto en Sanidad como en Educación hace que la educación privada sea más barata y la pública tenga buena calidad. Los médicos de la pública, además, tienen el incentivo de hacer las cosas bien para montar su consulta privada.

Es un sistema que hace que los médicos no cobren todo lo que merecen y los pacientes no paguen directamente todo lo que deberían pagar (lo pagan a través de los impuestos) pero a mi juicio es bastante bueno. De hecho creo que es el mejor para el conjunto de los ciudadanos. Igual el sistema americano es mejor para el que se lo puede pagar pero el español es razonablemente bueno tanto para el que se lo puede pagar como para el que no.

¿PUEDE ESPAÑA SER DINAMARCA?

Sinceramente creo que no. Dinamarca está muy cerca de la cuenca del Rhur, la zona más poblada y más rica de Europa. Es fácil montar un país que exporte a esa región y que viva de sus superávits comerciales. Que coja los mismos y los invierta en tener una educación excelente y monte una industria de alto valor añadido. Eso es fácil estando donde está. De hecho es lo que le pasa a Cataluña pero en menor escala. Mucha gente dice que los catalanes son trabajadores y emprendedores, pero cuántos hay en Cataluña procedentes de otras regiones que podrían encajar en esta misma descripción.

España no está donde Dinamarca. Si uno ve Andalucía es difícil imaginarse que estando donde está pueda exportar mucho. El día que África se desarrolle Andalucía igual será una potencia exportadora, aunque tal vez pase antes lo contrario, que el Norte de África exporte a una Andalucía que se ha ido desarrollando por el turismo y por la exportación a las regiones más ricas de España que han crecido.

España no será Dinamarca. Pero podemos copiar de ellos algunas cosas, como potenciar la industria de valor añadido en las regiones más próximas al Norte de Europa. Esto es un fenómeno que se va dando por su propia naturaleza y de hecho los catalanes y los vascos tienen universidades de gran nivel (Esade, Pompeu Fabra, Deusto...). La riqueza genera riqueza e inversión en educación que genera más riqueza.

Cataluña y el País Vasco han crecido mucho por su situación geográfica. Al sur de Francia, con los costes digamos un 20-25% más baratos que allí, por decir una cifra; con mano de obra barata que venía de las regiones más deprimidas de España (Andalucía, Extremadura...). Este es el origen del desarrollo de la industria catalana y vasca.

Por eso no tiene sentido, ahora que se independicen. Han aprovechado la mano de obra barata del resto de España y de estar en la misma para crecer y ahora no pueden decir: "como no podemos coger más mano de obra barata del resto de España sino que viene de Marruecos o de países latinoamericanos, ya no queremos ser solidarios con las regiones más pobres". Y para ello vamos a votar. Sería como decir que voten los ricos si se bajan los impuestos en plena crisis. Seguro que votan que sí. Ya no necesitan de los pobres para tirar.

Sería injusto ahora que la mano de obra no proviene del resto de España y que se están desarrollando industrias de mayor valor añadido exigir la independencia porque el resto de regiones viven de ellos. No es justo y es una decisión que le correspondería a todos los afectados. Es decir a todos los españoles en su conjunto, como muy bien establece la Constitución.

Esto sin restar méritos a los empresarios catalanes o vascos. Está claro que han trabajado bien y han formado a sus hijos con los beneficios de sus industrias. Aquí no se sabe qué es antes si el huevo o la gallina. Si los catalanes han sido muy emprendedores porque estaban cerca de Europa y han atraído talento emprendedor, o si lo son por su propia naturaleza y su cultura. Yo más bien creo que es una mezcla de las dos, pero predomina la ubicación. Seguro que hay grandes empresarios andaluces en Cataluña que se fueron allí movidos por las oportunidades que generaba una economía exportadora hacia Europa.

LAS POLÍTICAS FISCALES: SUBIDAS Y BAJADAS DE GASTO PÚBLICO, SUBIDAS Y BAJADAS DE IMPUESTOS

El análisis de las distintas medidas de política económica que puede tomar un país es complejo no voy a entrar en excesivo detalle. Simplemente hablaré del impacto a corto plazo de las medidas, que es lo que realmente importaba ahora mismo en plena crisis.

Las subidas de impuestos que pedían desde Bruselas, tenían un impacto negativo en el corto plazo sobre la demanda interna de la economía española y, por tanto, agravaban más aún la caída del PIB. Lo que a su vez hacía que el déficit público como porcentaje del PIB aumentara. De hecho la crisis cuando realmente se agravó en Europa fue en el año 2010 cuando se empezaron a tomar estas medidas proclíclicas que estimulaban aún más la caída de la economía.

Exactamente lo mismo sucedía con la bajada de gasto público, contracción de la demanda interna de la economía del país, se vende menos, se produce menos y se genera más paro.

La consecuencia de estas medidas se ve claramente en el año 2013, cuando los niveles de paro en Europa están en máximos.

Las bajadas de impuestos o las subidas de gasto público tienen el efecto contrario, aunque en una crisis de confianza como la actual parece más razonable subir el gasto público porque el dinero va directamente a acrecentar la demanda interna; mientras que si se bajan impuestos parte va a amortizar deuda y parte al ahorro de las familias que ante el miedo no consumen y, por tanto, no generan demanda interna que haga crecer a las empresas y al empleo. Es decir, la mejor medida para tomar en una crisis de este tipo desde el punto de vista de la política fiscal es aumentar el gasto público. Justo lo contrario de lo que se pide desde Bruselas. Y según se va saliendo de la crisis como parece que está sucediendo tal vez sea reducir los impuestos.

En el largo plazo la situación es distinta, niveles bajos de gasto público y de impuestos maximizan el crecimiento potencial de una economía porque los particulares asignan mejor los recursos. Una economía con mercados libres y bajos impuestos es una economía que crece más que otra con mercados muy regulados e impuestos altos. Pero esto no quiere decir que los mercados no deben estar regulados y que los impuestos deben ser siempre bajos. Cuando un mercado no está regulado, como pasaba en el mercado financiero en la crisis del 2009, es fácil que se asuman riesgos desproporcionados o que los niveles de equidad sean muy bajos.

Pongamos por ejemplo el mercado del futbol profesional. Los jugadores mejores cobran cantidades astronómicas si los comparamos con los jugadores de segunda división. Cobran tanto que a veces es cuestionable si no compensaría tener jugadores de un nivel más o menos parecido pero cobrando menos. Son mercados totalmente libres. Igual sucede con los directivos de las grandes empresas privadas. Al final es más que cuestionable que las cantidades astronómicas que pueden llegar a cobrar, por ejemplo, los gestores de fondos, tengan sentido. Aquí, a mi juicio, debe introducirse cierto nivel de regulación que ponga límites a los salarios y acerque los salarios de los peor retribuidos a los mejor retribuidos. Parece necesario cierto nivel de equidad.

Igual sucede en el conjunto de la sociedad, los mercados deben tener limitaciones que garanticen la justicia social, a su vez será beneficiosos para el crecimiento. Que el siglo XX haya sido el siglo de mayor crecimiento económico después de que el siglo XIX fuera el siglo del nacimiento del socialismo, no ha sido casualidad. La existencia de igualdad de oportunidades y de equilibrio social es necesaria para que una economía crezca de forma sana (sólo hace falta ver el caso contrario en Hispanoamérica, para darse cuenta la falta de equidad termina en niveles bajos de crecimiento o en regímenes comunistas que desincentivan la producción).

Por tanto, es evidente que los mercados y las economías deben tener cierto nivel de regulación y de intervención pública en caso necesario para atemperar los ciclos económicos. Si en vez de los Decretos De Guindos se hubieran tomado medidas contra-cíclicas durante la crisis, ésta no habría sido tan grave en 2013 y el crecimiento tan pobre en 2014 y 2015.

Lo mismo sucede con el gasto público. Pongamos como ejemplo Hispanoamérica. Si durante la última década de crecimiento de las economías hispanoamericanas los Estados hubieran invertido en infraestructuras, educación y sanidad; esa inversión habría aumentado el potencial de crecimiento de las economías. Cuando en una economía no hay inversión productiva en el futuro, bien sea por bajos niveles de formación o por otras causas, es necesaria la intervención pública que haga estas inversiones. De hecho la historia de España está plagada de grandes inversiones públicas que han mejorado la competitividad del país. Como, por ejemplo, la inversión pública en el viaje de Cristóbal Colón, las Academias de Felipe V, la inversión del "mejor alcalde de Madrid" Carlos III, la creación del Instituto Nacional de Industria en época de Franco, la inversión en autovías y en AVE de Felipe González, la modernización del aeropuerto de Madrid de José María Aznar.... La inversión pública es fundamental.

Hoy más que nunca, como ya he dicho, la inversión pública española es importante que se centre en la formación universitaria y profesional, y en la investigación.

134

Epílogo: el futuro de España

Fomentar la economía exportadora es esencial. Por tanto, Cataluña y el País Vasco, son regiones que se verán favorecidas. Será la única forma de pagar nuestras deudas. Eso va a generar desequilibrios políticos y sociales, y en la corrección de los mismos deben contribuir todos los partidos. La solidaridad interterritorial y entre sectores de población es una necesidad en España. Sin ella tampoco será sostenible el país.

Una economía industrial exportadora aunque sea más rica genera más diferencias sociales que una economía basada en el sector servicios y en la demanda interna.

Tanto el riesgo de la llegada del Comunismo fruto de los altos niveles de paro, como el riesgo del independentismo fruto de que hay menos dinero para repartir entre las Comunidades Autónomas, son los dos grandes problemas que deberá lidiar el país en el futuro.

Parece que el camino de España será esa lucha entre ser más o menos solidarios interterritorialmente o más o menos solidarios entre generaciones y entre grupos sociales con distintos niveles de renta. Esta solidaridad será la clave; si conseguimos un buen equilibrio que haga que todos al final trabajemos mejor, seamos más productivos, hará que todos seamos más ricos y más felices. La paz interterritorial y entre clases sociales es necesaria para que el país prospere.

También es necesario que haya libertad e igualdad de oportunidades, que la gente que trabaje bien tenga su premio. Que se forme al que quiera formarse tenga o no recursos económicos. Que el mejor ingeniero venga de la clase social más baja o más alta y no sea el hijo del Decano de la Facultad o del que puede pagarla.

La igualdad de oportunidades es precisamente lo que más se ha deteriorado en España en los últimos veinte años, y es a lo que debemos volver. A ese sueño que comenzó con la democracia y con la victoria electoral de Felipe González. Igualdad de oportunidades para todos y trabajo. Inversión pública en educación, investigación y desarrollo. No sólo en cantidad sino eficiente y competitiva.

Estímulos y facilidades para que la inversión privada vaya en la misma dirección. La inversión privada en el largo plazo es más eficiente y yo diría que es más inteligente. Las sociedades más ricas tienden a invertir en formación y a invertir en investigación. La gente no es tonta y sabe que la formación es fundamental. Ve que el vecino que es ingeniero vive mejor que el que está en la obra picando. Sabe que tiene que invertir en formación. De hecho el que puede invierte normalmente una parte mayor de su renta disponible en educación para sus hijos de lo que hace un país en su PIB y si no lo hace es porque puede tener a su hijo en un colegio público o concertado de calidad.

En esta Economía que algunos llaman del conocimiento, como muy bien señala Luis Garicano en "El dilema de España", los más formados y mejores a nivel global tendrán los mejores empleos (como le pasa a Cristiano Ronaldo o a Messi hoy). También tendrán empleo los que trabajen en sectores donde hace falta el trato directo con el cliente o sea rentable tener una persona por la complejidad manual del trabajo. Pero estos últimos serán los primeros en ir al paro en las crisis. La formación es la clave de España y debemos actualizarnos.

LA VOCACIÓN DE SERVICIO Y EL RESPETO A LAS IDEAS

Quería terminar este texto hablando de la vocación de servicio hacia los demás y del respeto a las ideas. La vocación de servicio hacia el cliente es algo que aumenta en las economías capitalistas. Cuánta más competencia hay más importante es tratar bien al cliente. Es lo que yo llamo el socialismo del cliente. Esto se ve muy bien cuando estudias en una universidad americana. Los profesores son mucho más atentos y mucho más accesibles que los profesores de las universidades españolas. Yo creo que esta cultura del servicio al cliente nace de la propia naturaleza competitiva de la economía americana. Si un profesor quiere triunfar tiene que dar un buen servicio a sus alumnos que son los que van a evaluarle y van a pagar una cantidad de dinero importante por estudiar en esa universidad.

En España los catedráticos suelen ser más distantes (lógicamente estoy hablando en media), seguramente porque una vez han ganado la cátedra no es importante la valoración que hagan de ellos los alumnos. Un profesor que suspende a la mitad de una clase tendría mal futuro en Harvard, Chicago o Stanford. En España es un profesor con prestigio dentro del claustro. Es evidente que falta competencia en este sistema.

En cuanto al respeto a la ideas, también es un problema de nuestro país. En el mundo anglosajón, uno tiene la sensación de que en líneas generales hay un mayor respeto por las ideas de los demás. Aunque no se compartan se suele ser muy respetuoso con la ideología de los otros. Aquí, es frecuente leer o escuchar en la radio insultos en cuanto alguien de otra ideología está en el gobierno.

Debemos aprender a escuchar y a respetar lo que dicen los demás aunque no estemos de acuerdo. Los españoles deben darse cuenta de que las naciones más atemperadas, las que toman las decisiones fríamente son las que mejor futuro tienen. Que estar todo el día cabreado con el que opina distinto que tú no conduce a ninguna parte.

Esto parece una cuestión menor pero no lo es, porque el futuro pasa por las ideas, las ideas para que triunfen hay que escucharlas, compartirlas, procesarlas y construir sobre ellas.

140

www.ingramcontent.com/pod-product-compliance
Lightning Source LLC
Chambersburg PA
CBHW032023170526
45157CB00002B/834